丛书系国家社科基金重大招标项目《以"两个结合"继续推进马克思主义中国化时代化研究》（项目编号：23ZDA006）阶段性成果

中山大学中共党史党建研究院
理解和推进"第二个结合"丛书

张 浩 主编

# 读懂革故鼎新

何 旗/著

人民日报出版社
北京

图书在版编目（CIP）数据

读懂革故鼎新 / 何旗著；张浩主编 . -- 北京：
人民日报出版社 , 2024.10. -- ISBN 978-7-5115-8412-0
Ⅰ . D262.3
中国国家版本馆 CIP 数据核字第 2024VE9991 号

书　　　名：**读懂革故鼎新**
　　　　　　DUDONG GEGUDINGXIN
著　　　者：何　旗
主　　　编：张　浩

出 版 人：刘华新
策 划 人：欧阳辉
责任编辑：毕春月　刘晴晴
装帧设计：新成博创 XIN CHENG BO CHUANG

出版发行：人民日报出版社
社　　　址：北京金台西路 2 号
邮政编码：100733
发行热线：（010）65369509　65369527　65369846　65363528
邮购热线：（010）65363531　65363527
编辑热线：（010）65369521
网　　　址：www.peopledailypress.com
经　　　销：新华书店
印　　　刷：北京盛通印刷股份有限公司
法律顾问：北京科宇律师事务所　（010）83622312

开　　　本：710mm×1000mm　　1/16
字　　　数：168 千字
印　　　张：15.75
版次印次：2024 年 10 月第 1 版　2024 年 10 月第 1 次印刷

书　　　号：ISBN 978-7-5115-8412-0
定　　　价：49.80 元

如有印装质量问题，请与本社调换，电话：（010）65369463

# 理解和推进"第二个结合"丛书
# 编委会

策　划：刘志明

主　编：张　浩

编　委（按丛书顺序）：

罗嗣亮　陶　颖　吴之声　何　旗　吴　瑞　余　斌

黄越泓　骆红旭　贾　茹　邓菀莛　姚丽梅　罗　楠

# 总 序

## 读懂"第二个结合"

在庆祝中国共产党成立100周年大会上,习近平总书记首次提出马克思主义基本原理同中国具体实际相结合、同中华优秀传统文化相结合的重大论断。在党的二十大报告中,习近平总书记对"两个结合"进行了深刻阐述:"中华优秀传统文化源远流长、博大精深,是中华文明的智慧结晶,其中蕴含的天下为公、民为邦本、为政以德、革故鼎新、任人唯贤、天人合一、自强不息、厚德载物、讲信修睦、亲仁善邻等,是中国人民在长期生产生活中积累的宇宙观、天下观、社会观、道德观的重要体现,同科学社会主义价值观主张具有高度契合性。"在2023年6月2日召开的文化传承发展座谈会上,习近平总书记再次论及"两个结合",特别对"第二个结合"进行了充分论述,阐明了马克思主义基本原理同中华优秀传统文化相结合的内在机理,即彼此契合、互相成就,揭示了马克思主义基本原理同中华优秀传统文化相结合对于筑牢道路根基、打开创新空间、巩固文化主体性方面具有重大意义。习近平总书记还强调,

"第二个结合"是又一次的思想解放,是中国共产党对马克思主义中国化时代化历史经验的深刻总结,表明了党在传承中华优秀传统文化中推进文化创新的自觉性达到了新高度。

## 马克思主义基本原理同中华优秀传统文化相结合的根本原因在于二者的契合性

产生于不同社会环境下的两种思想文化,要想达到相互适应、相互融合的和谐统一状态,彼此之间必须具有高度的契合性,这是促使两种文化有机结合进而造就一个新的文化生命体的根本原因。习近平总书记在文化传承发展座谈会上强调:"马克思主义和中华优秀传统文化来源不同,但彼此存在高度的契合性。"这种内在契合性可以体现在宇宙观、社会观、价值观、方法论等方面。

其一,宇宙观的契合性。宇宙观,又可以称为世界观,是人们对于客观存在的物质世界到底是什么以及如何认识客观物质世界的总的看法和根本观点。马克思主义世界观主要指对自然界、人类社会以及人与自然关系的整体看法,是指导人们认识和探索宇宙世界的思想指南。在对自然界的认识上,马克思主义强调自然规律的客观性,认为人类来自自然界,与自然界有着天然的和谐关系,即"人本身是自然界的产物,是在自己所处的环境中并且和这个环境一起发展起来的"[①]。在对物质存在方式的认识上,马克思主义认为,要从物质运动的表现形式出发来认识客观世界,指出:"一切存在的基

---

[①]《马克思恩格斯选集》第 3 卷,人民出版社 2012 年版,第 410 页。

本形式是空间和时间,时间以外的存在像空间以外的存在一样,是非常荒诞的事情。"[1] 马克思主义的自然观和时空观作为世界观的重要组成部分,是马克思主义世界观的思想坐标,是考察人类社会发展规律的理论基础,也是从实际出发考察国家现实发展的思想根据。基于此,坚持一切以时间、地点和条件为转移的方法论成为将马克思主义基本原理应用于具体社会实践的逻辑前提,也为能够同中华优秀传统文化相结合提供了内在根据。

中华优秀传统文化的宇宙观,以"天人合一"为思想内涵,以中国人认识世界和改造世界的时空观为逻辑起点,是世界观借以中国语言的特殊表达。关于对自然的看法,中华优秀传统文化崇尚"天人之际,合而为一"的境界,阐述了"天道"和"人道"的相互关系,提出了人们应当恪守的行为准则。具体而言,"天道"即天地之间万事万物运行的客观规律,"人道"即在人类社会中规范人们行为方式的道德准则和精神品质以及人类社会发展运动的客观规律。二者的关系为"天地与我并生,而万物与我为一",即人不仅属于自然界的一部分,其本身还需要通过修身养性以达到与自然界和谐统一的境界。对时空的看法,源于对"宇宙"的考察。"宇宙"一词,可追溯至《庄子·齐物论》:"奚旁日月,挟宇宙?"《经典释文》引《尸子》之言道:"天地四方曰宇,往古来今曰宙。"这表明,"宇宙"作为表述时空的概念,已经为人们所用,其中,"天地四方""往古来今"即是对"时空"的中国话语表达。此外,郭象注《庄子·庚桑楚》提道:"宇者,有四方上下,而四方上下未有

---

[1]《马克思恩格斯文集》第9卷,人民出版社2009年版,第56页。

穷处；宙者，有古今之长，而古今之长无极。"可以看出，中国古人对于"宇宙"的探索已经达到新的境界，即道出了空间存在的现实性、时间交替的继起性以及时间和空间发展的无限性。这些观点都与马克思主义的时空观高度契合，为同马克思主义基本原理相结合准备了思想条件。

其二，社会观的契合性。社会观指的是关于社会中的人类活动、社会发展的动力因素以及社会发展的趋势方向的整体看法。马克思主义社会观从"现实的人"出发，考察人类社会的实践活动，提出人类社会发展的终极目标和最高理想。在科学实践的基础上，马克思主义社会观以人类社会或社会的人类为出发点和立足点，对人类社会发展动力展开考察，认为人民群众的整体诉求和行动轨迹代表社会发展的方向，是推动社会变革发展的决定力量。由此，在推动社会变革发展的具体实践中，要坚持把人民群众放在至高无上的地位，发挥人民群众改造现存社会、追求理想社会的强大力量。关于理想社会，马克思主义提出人类社会的发展趋势为共产主义社会，即每个人的自由全面发展的美好社会。在这个理想社会中，社会生产力高度发展、物质资料极大丰富、旧式分工彻底消除、阶级对立和剥削压迫彻底消亡、生产资料实现公有，社会关系高度和谐，全体社会成员得到自由全面发展。到那时，全人类有着共同的利益基础，社会成为"真正的共同体"，人们真正摆脱了"人的依赖关系"和"物的依赖关系"，真正实现了每个人的"自由发展"。

中华优秀传统文化的社会观，基于"天下观"的基本理念，倡导"以民为本"的重要思想，将"大同"作为社会发展的终极目标，体现了中国人民家国同构的情怀伦理和对美好社会的向往追求。中华优秀传统文化视黎民百姓为国家根本,其中所蕴含的"民为邦本"思想由来已久。《尚书》载:"民惟邦本,本固邦宁。"《孟子·尽心下》提出:"民为贵,社稷次之,君为轻。"《荀子·哀公》提出:"君者舟也,庶人者水也。水则载舟,水则覆舟。"中华优秀传统文化强调对"民"的重视,并将其丰富和拓展成为中华民族宝贵的精神财富,在一定意义上也成为栽培马克思主义"人民至上"观念的思想土壤。关于未来社会构想,《礼记·礼运》提出的"大道之行也,天下为公"以及对大同社会的描绘,道出中华民族对美好社会的千年夙愿。其中,关于大同社会"矜寡孤独废疾者皆有所养""货恶其弃于地也,不必藏于己;力恶其不出于身也,不必为己"等的描述,实际上体现了人们对于物质资料丰富充裕和社会公有制的追求,这也与共产主义的理想追求有着共通之处,增强了中华民族对马克思主义的认同感。"任人唯贤"出自《尚书·咸有一德》,体现的是重视人才,唯贤是举。马克思主义在确认人民群众在社会历史发展中的主体作用的同时,并不否认少数英雄人物起到的关键作用,这与中华优秀传统文化具有契合性。"为政以德"出自《论语·为政》,"为政以德,譬如北辰,居其所而众星共之",讲的是统治者和官员要有道德操守,在重视个人品德、遵守政治规则的同时,尽力施行仁政,体现的是正身爱民的思想。"为政以德"是"民为邦本"思想的延伸和在政治上的表现,与"民为贵,社稷次之,君为轻"是相通的,同马克思主义的群众观点和群众路线也是相通的。"讲信修睦"最早出自《礼记·礼运》,核心含义是人与人之间、国与国之间要讲究信用，谋求和睦，强调信用与和睦，涉及人际关系乃至团体、群体的互相交往层面。"亲仁善邻"出自《左传·隐公六年》，"亲仁善邻，国之宝也"，讲的是国家民族间要和平相处，不以邻为壑，这也与中华文明的和平性相一致。"革故鼎新"源于《周易》的《革卦》与《鼎卦》，后世将其合二为一作为成语，意指改变社会上陈旧的、不合时宜的旧事物、旧制度，革除违背世道人心的不良因素，荡涤阻碍历史潮流的瑕秽污渍，它与马克思主义所讲的社会革命思想观点相契合。总之，中华优秀传统文化的社会观中关于人民主体力量和未来理想社会的思想与马克思主义社会观高度契合，为二者有机结合奠定了观念基础。

其三，价值观的契合性。价值观，是人们对于是非曲直的认知、判断和选择，体现着人们对于某种精神境界的追求和向往。马克思主义价值观，坚持以人的自由全面发展为核心目标和最高价值，以个人与社会的辩证统一为基本原则和实践遵循，旨在为绝大多数人谋利益，追求真正的普遍的共同利益。马克思、恩格斯在阐明"人的本质"和"社会关系"的基础上，提出个人与社会关系。立足于"人的本质在于其社会性"的观点，马克思主义认为，个人是社会的一部分，个人应该承担起推动社会发展的责任，个人离开了社会就无法生存。基于此，马克思主义提出集体主义的价值观念和道德原则，认为个人只有实现其社会价值才能实现其个人价值。此外，马克思、恩格斯还进一步指出，在共产主义社会，个人利益与社会利益高度一致，个人在维护社会利益的同时，社会也在保障个人利益，即"每个人的自由发展是一切人的自由发展的条件"①。马克思主义这种基于人的本质立场的集体主义价值观念和核心目标,为其同中华优秀传统文化深度融合开拓了道路。

中华优秀传统文化的价值观,有明显的集体主义情感倾向,强调群体高于个体。在宗法制的影响下,古代中国强调个人要遵循社会秩序和等级分配,通过"克己"达到"复礼",以维护封建统治。具体而言,"仁"的价值观念要求人们与人为善,尊重他人,对他人负责;"义"的价值观念要求人们对他人和社会公共利益作出贡献;"礼"的价值观念要求人们遵循社会礼仪,维护社会秩序和规范。中华文明强调的"自强不息",出自《周易·乾卦·大象传》,"天行健,君子以自强不息",意指一个人要有志向,要奋斗上进。"厚德载物"一词,出自《周易·坤卦·大象传》中的"地势坤,君子以厚德载物",指的是人作为天地之间的个体,应当取法于大地,不以个人得失为意,包容万物和他人。从国家层面来看,中华优秀传统文化提倡"苟利国家生死以,岂因祸福避趋之"的家国情怀和"修身、齐家、治国、平天下"的道德追求,认为只有融入社会、忠君报国才是有高尚品德的"君子"。以上种种都体现了中华优秀传统文化对个人的道德要求和行为准则,是中华优秀传统文化价值观的具体彰显。概言之,无论是马克思主义关于人的社会本质和集体主义价值观的思想,还是中华优秀传统文化所讲的个人要遵循社会秩序的观念,都强调个人价值的实现要以社会价值的实现为前提,都认为个人要对社会和集体付出并作出贡献,这鲜明体现了马克思主义

---

① 《马克思恩格斯文集》第2卷,人民出版社2009年版,第53页。

基本原理同中华优秀传统文化在价值观上的高度契合。

其四,方法论的契合性。方法论,是指导人们认识和改造世界、对人们的思维和行为方式产生影响的系统理论。马克思主义方法论,即唯物辩证法,要求人们不仅要从客观现实出发,通过理性思维来认识客观世界,而且要遵循客观规律,发挥人的主观能动性,通过具体实践去改造客观世界。从马克思主义理论的发展历程来看,这一科学理论生成发展的每一步都与实践紧密相连,它从实践中产生,在实践中发展,又反作用于实践并推动新的实践。从马克思主义哲学的任务要求来看,这一哲学思想特别重视实践的重要作用,强调哲学的任务不仅是要改变人们的思维方式、帮助人们理性认识世界,更是要基于此指导人们改变世界。它阐明了实践是全部社会生活的本质的观念,启发人们在社会实践活动中应用科学理论认识。这不仅为人们提高理性认识提供了方法指南,也为无产阶级进行革命斗争提供了实践工具。更重要的是,这种理论和实践相结合的方法论也为马克思主义中国化准备了思想条件和理论前提。

中华优秀传统文化的方法论,以"行"为核心范畴,通过论述"行"与"知"、"行"与"言"、"行"与"学"等的关系,提出"知行合一""言行合一""学至于行"的观念主张。关于"知行合一"的方法论,王阳明主张"尽天下之学无有不行而可以言学者,则学之始固已即是行矣",大意是知识、道理和学问需要通过行为实践才能获得,并强调格物致知、知行合一,这实际上与马克思主义"一切从实际出发"是高度契合的。关于"言行合一"的方法论,《论语·宪问》有曰,"君子耻其言而过其行",提倡人们说话行动要一致，不能纸上谈兵。孔子还提出了考察人的品行的方法论，认为一个人的实际行动是评判其言语和道德的标准，即"听其言而观其行"。这两个观点实际上与马克思主义"实践是检验真理的唯一标准"有相似之处。关于"学至于行"的方法论，《荀子·儒效》讲道，"不闻不若闻之，闻之不若见之，见之不若知之，知之不若行之。学至于行而止矣"，即认为听到、见到和了解到都不如自己去实际行动所收获到的，只有真正行动了，知识和学问才真正实现了其价值。从本质上看，这种"学至于行"的求知方法与"实践是认识的目的和归宿"的方法论有着契合之处。

## 马克思主义基本原理同中华优秀传统文化相结合实质上是一场深刻的"化学反应"

马克思主义基本原理同中华优秀传统文化二者相互契合才能有机结合。那么，二者结合的实质到底是什么？对此，习近平总书记指出："'结合'不是'拼盘'，不是简单的'物理反应'，而是深刻的'化学反应'，造就了一个有机统一的新的文化生命体。"[1] 这一重要论述深刻揭示了"第二个结合"的实质过程和成果形态，明确指出了二者相遇会产生创造新价值、新思想、新事物的化学反应，同时意味着二者的结合既不是内容的机械拼盘，也不是话语和范畴的简单杂糅，更不是以中华优秀传统文化为主导把马克思主义儒学化，而是经过一次次碰撞、交流、会通而实现螺旋式上升后的有机融合、

---

[1] 习近平：《在文化传承发展座谈会上的讲话》，《求是》2023年第17期。

血肉相连，乃至基因重组，进而生成新的物质。

其一，深刻的"化学反应"创造了新的文化生命体。马克思主义基本原理同中华优秀传统文化相结合所产生的"化学反应"形态集中体现在二者结合的深度与质变特性上，意味着这种"结合"不仅仅是简单的数的相加或物理拼接，而是通过深入融合和相互作用发生了根本性的变化，形成了全新的文化形态，即"新的文化生命体"。这种新的文化生命体作为马克思主义基本原理同中华优秀传统文化相结合的产物，不仅融合了二者精髓，而且在中国式现代化道路中实现了对中华文明的文化再造和生命更新，为新时代中国特色社会主义文化建设和文艺繁荣不断注入生机与活力，也为中国式现代化不断提供精神力量。在这一新的文化生命体中，马克思主义理论始终具有指导地位，不仅提供了科学的世界观和方法论，而且与中国的历史与实践紧密结合，经过长期的适应、调整和创新，形成了符合中国国情的理论体系和实践路径。通过马克思主义真理之光激活中华文明基因，中华优秀传统文化的价值观、思想精华和人文精神经历了现代化的筛选、提炼和再创造，与马克思主义基本原理相融合，共同塑造了新的文化形态，即中国式现代化的文化形态。

从"结合"的过程来看，马克思主义基本原理同中华优秀传统文化的结合，是一个坚持守正创新且具有鲜明实践导向的过程，不仅代表了中华文明内在包容性、开拓性的发展要求，也代表了马克思主义理论的创新要求、实践要求，从而产生了马克思主义在中国具体的历史与文化中生根发芽、开花结果的必然结果。这一结合过程体现出二者双向互动的机制，即马克思主义的精髓不断激活中华优秀传统文化的根脉，使中华优秀传统文化在新的历史进程中实现创造性转化和创新性发展；同时，中华优秀传统文化的精华也不断充实马克思主义的魂脉，为马克思主义的发展提供丰厚土壤和源头活水。正是在强国建设和民族复兴的宏大叙事与实践支撑下，通过对马克思主义中国化时代化内在机理、深层规律以及中华优秀传统文化的突出特性在长期实践和理论积淀中的揭示，马克思主义基本原理同中国国情、中国历史、中国文化深度融合，马克思主义在中国的文化土壤中扎根，马克思主义基本原理同中国国情相结合的深度和广度不断拓展，马克思主义基本原理同中华优秀传统文化的价值目标和价值立场达成辩证统一。在这一过程中，马克思主义的主导地位不断明确，中华优秀传统文化的世界意义和时代价值不断彰显。正是通过马克思主义同中华优秀传统文化相互作用、相互影响、相互塑造的"化学反应"，形成了一个新的文化生命体，既体现了中华文明的深厚基础，也展现了马克思主义的科学性和真理性，推动了中国特色社会主义发展和中华民族现代文明建设。

从"结合"的结果来看，马克思主义基本原理同中华优秀传统文化相结合所产生的新的文化生命体的"果"，体现出其"化学反应"不是简单元素的相加，而是深层次的、质的转化，最终诞生了全新的文化形态。在这场"化学反应"中，两种文化的相遇并非平行线的简单交错，而是深度的互渗互融。马克思主义的科学理论与中国传统文化的精神精华相互作用，经过长期的相互影响、相互改造，最终形成了既不同于传统文化的纯粹形态，也不同于马克思主义理论的原初形态，而是形成了一种新的、活的、具有中国特色的社会主义文化生命体。这一"化学反应"过程的特征，首先是选择性的融合。如同化学反应中的催化剂，特定的社会历史条件和实践需求促使这一融合过程选择性地吸收两种文化中最有益于中国社会发展的元素，去粗取精，去伪存真。其次是创造性的整合。不仅仅是物理层面的结合，更重要的是在思想深度和文化精神上的整合与创新，从而产生新的价值观念、思想理念和文化形态。最后是动态性的发展。它不是一次性完成的静态过程，而是随着社会实践的深入、时代需求的变化而持续进行的动态过程，这种文化生命体在不断的发展变化中更加成熟、充实、鲜活。因此，作为结合成果的新的文化生命体所体现的"化学反应"形态，正是在马克思主义的科学指导和中华优秀传统文化的精神滋养下，通过选择性融合、创造性整合和持续的动态性发展，形成的具有中国特色的社会主义文化。新的文化生命体不仅丰富了中国社会的文化景观，也为推进社会主义现代化建设、增强民族文化自信和促进人类文明进步提供了重要精神力量。

其二，深刻的"化学反应"开辟出中华民族现代文明建设之路。马克思主义基本原理同中华优秀传统文化相结合催生了新的文化生命体。这一新的文化生命体不仅重新定义了民族的精神面貌，也为中国式现代化奠定了文化根基。通过深刻的"化学反应"，马克思主义的科学理论与中华优秀传统文化的人文精神相互作用、相互渗透，共同构筑起中华民族现代文明的坚实基础，开辟出一条融合传统智慧与现代科学的现代文明建设之路。

一是重新定义了中华民族现代文明的精神面貌。马克思主义基本原理同中华优秀传统文化深层次、全方位的相互作用与渗透而形成的全新文化形态，对中华民族现代文明的精神面貌产生了深刻影响。马克思主义的科学理论提供了分析社会发展规律的工具，而中华优秀传统文化则赋予了民族精神深厚底蕴，二者的结合为中华民族现代文明提供了发展进程中所需的精神指引和文化自信。马克思主义关于人的自由和全面发展的观点，与中华优秀传统文化强调的和谐、中庸之道等价值观念的融合，形成了促进个人与社会、人与自然和谐共生的现代文明导向，不仅促进了社会的和谐稳定，也激发了个体的创造力和社会责任感，重新定义了中华民族现代文明的精神面貌，使之更加积极向上、开放包容。马克思主义真理之光激活了中华民族优秀基因，深化了中华民族对于文化根源和未来发展方向的自我认知。通过创造性转化和创新性发展，中华传统文化在马克思主义指导下吸收一切先进思想和理念，不仅巩固了自身深厚的文化底蕴，还形成了面向未来的开放态度和创新精神。这种精神面貌的转变，为中华民族在人类现代化历史进程中巩固文化主体性、加强文化创造性提供了源源不断的思想精华和精神动力。

二是为建设中华民族现代文明指明了前进方向。马克思主义的科学理论为建设中华民族现代文明提供了科学的理论指导，为当代中国的物质文明、精神文明、政治文明、社会文明和生态文明的协同发展指明了方向。马克思主义并不是与中国传统文化割裂的外来理论，而是在同中华优秀传统文化相结合的过程中，不断被赋予中国特色和时代内涵，使其能够更好地适应中国的国情和文化背景，从而更好指导中华民族现代文明的发展。马克思主义的科学理论与中华优秀传统文化的人文精神的结合，不仅丰富了中华民族现代文明的科学内涵，也为中华民族现代文明发展进程中遇到的理论与实践问题提供了独特的解决方案。中华优秀传统文化强调的和谐、中庸之道、重视道德和集体利益等价值观，与马克思主义关于社会公平、人的全面发展的理论相结合，形成了具有中国特色的社会主义价值体系，塑造了中华民族现代文明的价值方向，也为处理社会矛盾、促进社会和谐与进步提供了文化基础。马克思主义基本原理同中华优秀传统文化的结合，使中华民族现代文明实现了发展与创新。在文化层面，促进了传统文化的创造性转化和创新性发展，使中华文化在全球化语境下既保持了自身的独特性，又彰显了自身的开放性和包容性；在制度层面，既吸收了马克思主义的科学原理，又融合了中华优秀传统文化的治国理政智慧，形成了中国特色社会主义制度，有效推进了国家治理体系和治理能力现代化。

三是构筑起中华民族现代文明的坚实基础。马克思主义深刻揭示了人类社会发展的基本规律，为中华民族指明了社会主义现代化的基本方向；而中华优秀传统文化所蕴含的深厚人文精神，特别是关于和谐、中庸、仁爱的价值观念造就了民族道德文化的支撑力量，不仅保证了中华民族现代文明建设的科学性和进步性，也确保了其道德性和人文性，塑造了一种富有现代化张力的文明新形态，使古老的中华民族在明德修身上焕发新风貌。这一深刻"化学反应"也在推动着中华文明从传统文明向现代文明的转变，使中华民族不仅在物质层面实现现代化，更在精神和文化层面完成自我超越和接续发展，推动中华文明实现从以农业文明为主导的传统文明向以工业化、信息化、全球化为特征的现代文明的转变，增强文明自觉与文明自信相统一的历史主动。

其三，深刻的"化学反应"实现了又一次思想解放。在马克思主义基本原理同中华优秀传统文化相结合的深刻的"化学反应"中，二者精髓的融合实现了又一次思想解放的历史性跨越。这一结合深植于中国共产党解放思想的历史进程，体现了对党的理论创新经验的总结和对文化发展规律的洞察，同时展现了马克思主义中国化时代化的生动实践。通过这一结合，中华优秀传统文化得到创造性转化和创新性发展，马克思主义在中国的土壤中焕发出新的活力，为中华民族现代文明建设奠定了坚实的理论和文化基础，推动了中华文化在新时代的自信与自强，为中国式现代化探索提供了正确方向和强大动力。

首先，这场"化学反应"推动了对马克思主义与中华文化关系认识的思想解放。这场"化学反应"强调了马克思主义基本原理同中华优秀传统文化之间高度的契合性，打破了二者不可兼容的错误理解，促进了马克思主义文化理论的不断完善和发展。通过将马克思主义基本原理同中华优秀传统文化相结合，不仅为马克思主义在中国的发展注入了新的活力，也为中华文化的现代转型提供了科学指导和理论支持，这一过程本身就是对旧观念、旧文化的一种超越，体现了新时代中国共产党人的思想解放。在新的历史条件下，对马克思主义基本原理同中华优秀传统文化的结合进行时代化的阐释，形成了一系列关于社会主义文化建设的新的理论观点和实践成果，其精华就是习近平文化思想。这不仅为中华民族现代文明建设提供了根本遵循，也实现了思想理论的守正创新，有效推动了中国特色社会主义文化事业的发展。

其次，这场"化学反应"推动了对中国与马克思主义关系认识的思想解放。长期以来，在对中国与马克思主义关系问题的认识上，一部分人片面强调马克思主义科学理论对中国发展的深刻影响，但对中国之于马克思主义理论体系的发展贡献闭口不提。充分肯定马克思主义深刻改变了中国的认识当然是正确的，但停留于这样的认知是不全面的，因为这只看到了问题的一个方面。而"第二个结合"的提出，则使我们认识到马克思主义和中国是互相成就的关系，不仅马克思主义深刻改变了中国，中国也极大丰富和发展了马克思主义，这样的认识才更加全面。马克思主义基本原理同中国具体实际相结合侧重于理论与实践、主观与客观、应用与被应用的关系问题，这一结合做得再好，就其本质而言，也只能体现对马克思主义科学理论的深刻理解和有效运用，无法真正让马克思主义成为中国的。如果说这种结合语境下的"中国"具有明显的受动特质，那么"第二个结合"中的"中国"则表现出强烈的主体能动性。"第二个结合"触及古与今、中与西之间的交流互鉴和融合发展问题。正是通过深刻的"化学反应"，中华优秀传统文化得以进入马克思主义谱系之中，使马克思主义从中华文化沃土中获得丰厚滋养，使身为"舶来品"的先进理论真正内化为中华民族现代文明的有机组成部分，让马克思主义成为中国的。

再次，这场"化学反应"推动了对传统与现代关系认识的思想解放。对于传统文化，过去由于多种因素，有的人往往坚持着这样一种形而上学的偏见：将传统与现代文明机械地对立起来，一提到"传统"就认为是落后的、过时的、陈腐的，而"现代"就是进步的、发展的、时髦的，由此呼吁建设现代文明就必须彻底抛弃传统。事实上，传统与现代之间并非简单的对立或断裂关系，而是有着更为复杂的内在联系，呈现出相互兼容、相互作用的鲜明特征。"第二个结合"在厘清传统与现代关系层面实现了思想解放，凸显了中华优秀传统文化在现代化进程中的地位和价值，要求从连续性和整体性维度考察由传统中国到现代中国的发展演进过程，将中国视为一个连续发展的有机整体。传统与现代是相互影响、相互交融、相互塑造的，中国式现代化强调赓续而非消灭古老文明，是文明更新的结果，而不是文明断裂的产物。"第二个结合"强调以文化底蕴筑牢道路根基，让新时代的道路建设实践有了更为宏阔深远的历史纵深。中国式现代化与中华文明是相互影响、协同推进的，前者赋予后者以现代力量，后者赋予前者以深厚底蕴。

## 马克思主义基本原理同中华优秀传统文化相结合巩固了文化主体性

马克思主义基本原理同中华优秀传统文化相结合最根本的价值体现在什么地方？对此，习近平总书记在文化传承发展座谈会上指出，"第二个结合"巩固了文化主体性。何为文化主体性？这里的主体性，特指某一主体在文化活动中的重要地位。毫无疑问，这里的主体当然是指中国。因此，文化主体性实质上是指"在文化层面上彰显当代中国作为主体的特殊性质"①，是指中国共产党和中国人民对自身文化发展的高度主动权。习近平总书记强调："有了文化主体性，就有了文化意义上坚定的自我。"②拥有坚定的自我，更是凸显了中国这个主体在文化活动中的自主性和主动性。"第二个结合"巩固了文化主体性，具体体现为增强了文化自觉、坚定了文化自信、提升了文化自立、推进了文化自强。

其一，增强了文化自觉。何为文化自觉？一般认为，"文化自觉"一词最早由费孝通提出。费孝通认为，文化自觉是指"生活在一定文化中的人对其文化有'自知之明'，明白它的来历，形成过程，所具的特色和它发展的趋向"③。他进一步分析，这种文化自觉并不是要复古，也不是要全盘西化，而是为了加强文化转型和文化选择中的主动性以及主动地位。从这一角度来看，"第二个结合"正是如此。它深刻总结文化发展的历史规律，提出文化传承发展的方法，强调守正不守旧、尊古不复古，坚持古为今用、洋为中用，大大增强了中华民族的文化自觉。首先，"第二个结合"是文化传承发展的重要途径和方法。中华优秀传统文化源远流长、博大精深，是中华文化的根脉。但其归根到底是古代小农经济的产物，要使其跟上时代步伐，在当代继续发挥巨大作用，就必须在马克思

---

① 刘同舫：《"第二个结合"与文化主体性的巩固》，《思想理论教育》2024年第1期。
② 习近平：《在文化传承发展座谈会上的讲话》，《求是》2023年第17期。
③ 费孝通：《反思·对话·文化自觉》，《北京大学学报（哲学社会科学版）》1997年第3期。

主义这个魂脉的指导下，实现创造性转化和创新性发展。二者互相作用，互相成就，造就一个新的文化生命体，实现中华文化的新生。其次，"第二个结合"是对文化建设的规律性总结与认识。"第二个结合"不仅是理论逻辑上的必然结论，还是在对近代以来中国文化发展历史进行深刻总结的基础上得出的规律性认识。鸦片战争以后，中国逐步沦为半殖民地半封建社会。面对西方在文化领域的进攻，建立在小农经济基础之上的中国传统文化，在西方先进的资本主义文化面前败下阵来。中国人苦苦寻找文化发展的出路，直到马克思主义传入中国，才逐渐掌握了文化发展的主动权，在精神上由被动转为主动。中国共产党深刻认识到，马克思主义在中国的传播和发展，必须经由一定的民族形式才能够实现，必须同中华优秀传统文化相结合。正是因为坚持"第二个结合"，中国共产党领导人民创造了革命文化和社会主义先进文化，真正推动了中华文化在当代中国的大发展大繁荣。再次，"第二个结合"实现了马克思主义中国化时代化新的飞跃。党的十八大以来，以习近平同志为主要代表的中国共产党人坚持"第二个结合"，立足新时代中国实际，充分汲取中华优秀传统文化中的精华养分，创立了习近平新时代中国特色社会主义思想。从其科学的世界观和方法论，到治国理政的智慧和布局，习近平新时代中国特色社会主义思想闪耀着"第二个结合"的光辉，是中华文化和中国精神的时代精华，实现了马克思主义中国化时代化新的飞跃。

其二，坚定了文化自信。何为文化自信？顾名思义，文化自信就是对自身文化的价值有着高度的认识和肯定，以及对自身文化发展的坚定信心。文化自信是一个国家、一个民族立得住、站得稳、行得远的最大底气。一个民族的文化自信，往往需要经历长期的历史过程，需要经历岁月的反复淘洗和沉淀，需要对自身文化成果有着深刻的总结和继承，还需要对本民族优秀传统文化怀有足够礼敬。"第二个结合"的提出，标志着党的文化自信达到了新的高度。"第二个结合"指出文化自信的重要来源、突出内容和提升路径，大大坚定了中华民族的文化自信。首先，"第二个结合"指出了文化自信的重要来源。习近平总书记指出："中华优秀传统文化是中华文明的智慧结晶和精华所在，是中华民族的根和魂，是我们在世界文化激荡中站稳脚跟的根基。"[①] "第二个结合"充分肯定了中华优秀传统文化的重要作用，指出中华优秀传统文化是我们民族的自信之基、力量之源，是中华文明数千年来生生不息的精神力量，是中华民族历经千难万险依然屹立于世界民族之林的精神支柱。其次，"第二个结合"指出了文化自信的突出内容。中华优秀传统文化中丰富的哲学智慧、历史经验、人生价值、治国理念，是中华文明特有的精神标识，充分体现了中华民族自强不息的奋斗精神和饱含智慧的无穷创造力。再次，"第二个结合"揭示了文化自信的提升路径。要立足中华民族伟大历史实践和当代实践，坚持用中国道理总结好中国经验，加快构建中国特色哲学社会科学；坚持把中国经验提升为中国理论，不断推进马克思主义中国化时代化；坚持用中国理论回答好中国问题，为新时代中国特色社会主义伟大实践提供科

---

[①] 《习近平关于社会主义精神文明建设论述摘编》，中央文献出版社2022年版，第236页。

学理论指导。

其三，提升了文化自立。何为文化自立？立，就是要立足和扎根中国大地。文化自立就是强调作为文化主体的中国共产党和中国人民，以中国的优秀传统文化为滋养，以中国的社会实践为根据，排除外来因素的侵蚀和干扰，独立自主发展自己的先进文化。"第二个结合"坚持马克思主义指导，坚持从中国实际出发，充分运用中国传统智慧和文化资源，推动新时代文化发展，帮助我们党牢牢巩固文化领导权，大大提升了中华民族的文化自立。首先，"第二个结合"巩固了马克思主义在意识形态领域中的指导地位。马克思主义是我们立党立国、兴党兴国的根本指导思想，但是马克思主义不是一成不变的教条，它必须随着时代的发展而发展，才能始终保持旺盛生命力；必须结合当地的历史文化条件，才能更好地在本土扎根、传播，保证其作为指导思想的重要地位。"第二个结合"坚持守正创新，用中华优秀传统文化充盈、丰富了马克思主义，推动了马克思主义中国化时代化，使其更能符合中国实际、更能为中国人民所接受、领悟和掌握。这在根本上巩固了马克思主义在意识形态领域的指导地位。其次，"第二个结合"加强了中国共产党和中国人民作为文化主体的实践主动性。党的十八大以来，以习近平同志为核心的党中央科学总结中华文化发展历程，深刻洞悉中华文化发展大势，作出一系列关于文化建设的重要论述，并团结带领全国人民加以实践：强调必须坚持自信自立，中国的问题要立足中国实际，由中国人民自己来回答；强调必须加快构建中国特色哲学社会科学，必须体现继承性、民族性，充分利用好中华优秀传统文化资源，在吸收升华的基础上，使民族性更符合当代中国实际和人类发展要求；强调中国式现代化是赓续古老文明的现代化，而不是消灭古老文明的现代化，是从中华大地长出来的现代化，不是照搬照抄其他国家的现代化；等等。再次，"第二个结合"抵御了各类错误思潮的侵扰。习近平总书记指出："我们的同志一定要增强阵地意识。宣传思想阵地，我们不去占领，人家就会去占领。"[①] 面对各式各样的社会思潮、相互碰撞的价值理念、激烈变化的传播态势，"第二个结合"为我们坚持正确的文化建设方向，抵御各类错误思潮的侵扰提供了强大的思想武器：反对任何形式的文化复古主义，坚持推陈出新、革故鼎新；反对文化全盘西化论，正确对待西方文化，吸收人类文明一切有益成果，为我所用；反对西方在意识形态领域的和平演变，坚守社会主义文化建设的正确方向，增强中华文化在国际上的影响力。

其四，推进了文化自强。何为文化自强？进入新时代，中国人民迎来了从站起来、富起来到强起来的伟大飞跃。要真正实现强起来，不仅在物质层面要强，在精神层面也要强。文化自强，就是指中华民族依靠自己的努力，使自身在精神文化领域强起来。"第二个结合"是我们党对中华文明发展规律的深刻把握，为我们提供了一条在精神层面实现强起来的正确路径，为我们担负起新的文化使命指明了正确方向，大大推进了中华民族的文化自强。首先，"第二个结合"对推动文化繁荣有重要意义。勤劳勇敢的中国人民创造

---

① 《习近平关于社会主义精神文明建设论述摘编》，中央文献出版社2022年版，第67页。

了灿烂辉煌的中华文化，开创了文化繁荣的美好景象。中华优秀传统文化滋养了一代代中国人，塑造了中国人的精神气质，满足了中国人的精神需求。如今，在新时代推进文化发展繁荣，中华优秀传统文化依然存在巨大价值。"第二个结合"将中华优秀传统文化的巨大价值充分彰显和发挥出来，使之与现代社会相适应，与社会主义核心价值观相协调，与当今时代发展与人民需求相符合，为社会主义文化大发展大繁荣提供源源不绝的养分。其次，"第二个结合"对建设文化强国有重要意义。习近平总书记指出，要"推动中华优秀传统文化创造性转化、创新性发展，继承革命文化，发展社会主义先进文化，不断铸就中华文化新辉煌，建设社会主义文化强国"[①]。国家的强盛，既要看经济军事等硬实力，也要看文化软实力。建设社会主义文化强国，是全面建设社会主义现代化国家的题中应有之义，而"第二个结合"是建设社会主义文化强国的重要途径。中华优秀传统文化中刚健有为、自强不息的精神气质激励着一代代中国人面对困境百折不挠，是刻在中国人骨子里的文化基因。今天，面对艰巨繁重的建设任务，中华优秀传统文化依然是中国人迎难而上的动力之源，"第二个结合"为建设文化强国提供了坚实的历史文化基础。再次，"第二个结合"对建设中华民族现代文明有重要意义。习近平总书记指出："中华优秀传统文化是中华文明的智慧结晶和精华所在，是中华民族的根和魂，是我们在世界文化激荡

---

[①] 《习近平关于社会主义精神文明建设论述摘编》，中央文献出版社2022年版，第30页。

中站稳脚跟的根基。"① 建设中华民族现代文明，是推进中国式现代化的必然要求。中国式现代化是赓续古老文明的现代化，而不是消灭古老文明的现代化。要赓续古老文明，就必须使中华文明从适应自然经济的传统状态转变为适应工业社会的现代状态。"第二个结合"打通了中华优秀传统文化与现代文明相适应的关键渠道，使传统的成为现代的，更好地构筑起中国精神、中国价值、中国力量。

文化兴则国运兴，文化强则民族强。当今世界正经历百年未有之大变局，"源浚者流长，根深者叶茂"。站在历史的交汇点，在全面建成社会主义现代化强国、实现第二个百年奋斗目标的新征程上，我们应充分认识中华优秀传统文化的重要价值，坚定文化自信、历史自信，大力推进中华优秀传统文化的研究与传承。要坚持马克思主义理论的科学指导，透过表象看历史，深入挖掘中华优秀传统文化的精神标识和文化精髓，把马克思主义基本原理同中华优秀传统文化精髓融会贯通，进行创造性转化和创新性发展，赓续中华文脉，谱写当代华章。要深刻把握中华优秀传统文化的当代价值，充分发挥中华优秀传统文化的引领作用，把马克思主义基本原理同中国具体实际、同中华优秀传统文化相结合，坚定不移推进马克思主义中国化时代化，在守正中创新，在传承中发展，讲好"第二个结合"故事，更好推进中华民族现代文明的发展。

在中华人民共和国成立75周年、中山大学成立100周年之际，中山大学中共党史党建研究院组织专家学者撰写的理解和推进"第

---

① 《习近平关于社会主义精神文明建设论述摘编》，中央文献出版社2022年版，第236页。

二个结合"丛书的出版,具有重要的政治意义和纪念意义。同时,这套丛书是国家社科基金重大招标项目《以"两个结合"继续推进马克思主义中国化时代化研究》(项目编号:23ZDA006)阶段性成果,具有一定的学术意义。

希望这套丛书在深化对党的二十大精神、文化传承发展座谈会精神和习近平文化思想研究阐释方面立新功,在深化对"第二个结合"研究方面谋新篇,在推动讲好中华优秀传统文化故事、中国共产党故事等方面探新路。

是为序。

张 浩

中山大学中共党史党建研究院执行院长

# 目 录

## 第一章 / 001
### 革故鼎新的内涵诠释与思想流变

第一节　革故鼎新的内涵诠释 …………………………………… 004

第二节　古代中国革故鼎新的思想与实践 ……………………… 009

第三节　近代中国的革故鼎新思想与实践 ……………………… 033

## 第二章 / 053
### 马克思主义理论与革故鼎新的契合性

第一节　马克思主义唯物辩证法与革故鼎新的哲学内核相契合 …… 056

第二节　马克思主义革命思想与革故鼎新的政治理念相契合 …… 067

第三节　马克思主义的理论特质与革故鼎新的文化精神相契合 …… 082

## 第三章 / 091
### 中国共产党对革故鼎新的探索与实践

第一节　为推动革命而进行的革故鼎新……………………094

第二节　为建设社会主义而进行的革故鼎新………………105

第三节　为改革开放而进行的革故鼎新……………………121

第四节　为全面深化改革开放而进行的革故鼎新…………144

## 第四章 / 165
### 革故鼎新的思想价值与启迪

第一节　革故鼎新思想蕴含的时代价值……………………168

第二节　革故鼎新对全面深化改革的思想启迪……………187

第三节　新时代新征程为推动革故鼎新而踔厉奋发………204

# 第一章

## 革故鼎新的内涵诠释与思想流变

# 第一章
## 革故鼎新的内涵诠释与思想流变

中华优秀传统文化源远流长、博大精深，是中华文明的智慧结晶，其中蕴含的革故鼎新思想，是中国人民在长期生产生活中积累的宇宙观、天下观、社会观、道德观的重要体现，是中国历史上创新思维、创新精神的集中反映。翻开浩如烟海的经史典籍，中华文化始终传承革故鼎新的精神气质，高扬"日新"的进取精神。从《诗经》中的"周虽旧邦，其命维新"，到《大学》里的"苟日新，日日新，又日新"，到东汉魏伯阳所著《周易参同契》提出"御政之首，鼎新革故"，再到唐朝张锐所作《唐中书令梁国公姚崇神道碑铭》记述"夫以革故鼎新，大来小往，得丧而不形于色，进退而不失其正者，鲜矣"，以及宋代司马光所撰《资治通鉴·后唐庄宗同光二年》中的"陛下革故鼎新，为人除害，而有司未改其所为"，等等。革故鼎新思想为后世的政治家、思想家们所推崇和践行，或倡导政治上的变法改革、文化上的思想革新，或推动社会生活上的移风易俗、生产技术的发明创造等，把破旧立新、变革创新贯彻到政治文化社会和科技等各个领域，展现出了古代先贤对于理想政治秩序和社会规范的孜孜追求。

## 第一节　革故鼎新的内涵诠释

中国传统文化的基本结构是"一源三流","一源"就是先秦古籍经典《周易》,其又称"变化之书",是对天地人万物规律的演绎,它衍生出很多传统观念,其中之一便是"革故鼎新"。《周易》有六十四卦,其中有两个紧密相连又互相颠倒的卦象,分别叫作革卦和鼎卦。《周易·杂卦传》用极为精简的文字对这两个卦象的卦义做了解说。其曰:"革,去故也;鼎,取新也。"这便是革故鼎新一词的最初来源,意为"除去旧的,建立新的"。革故鼎新虽语出先秦元典,但其理念并非为先秦所独有,后世的政治家、思想家们对革故鼎新的思想观念不断进行诠释、弘扬,为其赋予了更为丰富的思想内涵。

### 一、革故鼎新的词源释义

在革故鼎新这一概念中,其基础语词为"革"和"鼎",由"革故"而"鼎新"。那么,何谓"革","鼎"又是何意呢?中国文字意蕴博大精深,在汉语言文学中,"革"字具备两层含义。第一层含义的"革"是名词,指的是剥下来并去毛的兽皮,即"皮革"。"革"是大禹时各州贡赋的品种之一,《尚书·禹贡》曰:"齿、革、羽、毛。"《诗经》曰:"羔羊之革。""革"字始见于商代甲骨文,最原初的含义正如它在甲骨文中的字形那样,像一张拉平的动物皮,中间

## 第一章 革故鼎新的内涵诠释与思想流变

较宽的圆形物是被剥下的兽身皮，余下的部分是兽的头、身和尾。《说文·革部》曰："革，兽皮治去其毛"，即兽皮去毛而成革。第二层含义的"革"是动词，是指剥皮去毛这个动作，意为"革除"。由于兽在生长的过程中，其毛羽是不断变化的，故而《尚书·尧典》曰："日永，星火，以正仲夏。厥民因，鸟兽希革。"这里说的是夏季，鸟兽毛羽稀疏。《尚书正义》注曰："革，改也。"此处，"革"就有了"改变""更改"的意思。动物毛羽丰富或稀少的变化，是不同季节重要的物候特征。不难理解，鸟兽毛羽的变化只是一种自然现象，是一种"自在"的现象，然而，当有了人的参与（即去其毛）使其为人所用时，这个过程就变成了"自为"的举措。由此可见，"革"字本义为兽皮，意指鸟兽在生长过程中，毛羽随时节的变化而变得稀疏或丰满，由此引申为表示变革、更改、革新等含义。《玉篇》说："革，改也。"除去旧的章法、遵从新的制度，称为"革旧从新"。孔颖达在《周易正义》中云："革者，改变之名也。……革之为义，变动者也。"

"鼎"字同样最早出现在甲骨文中，是非常典型的象形文字，其甲骨文像一个两只耳朵、四只脚的青铜器。《说文解字》说鼎"三足两耳，和五味之宝器也"。鼎最初为古人烹煮食物的器皿，最早的鼎是黏土烧制的陶鼎，后来有了用青铜铸造的铜鼎，其用途相当于现在的锅。鼎有大有小，普通百姓家做饭用的鼎就会小一些、薄一些，用不起青铜鼎的人家可以用陶制的鼎。王公贵族、富庶人家用的鼎就更大、更厚、更重一些。从语源上来说，"鼎"本来没有"更新"的意思。据《史记·封禅书》记载，"禹收九牧之金，铸九

## 读懂革故鼎新

鼎",说的是夏禹收九牧之金,铸九鼎于荆山之下,以象征九州,并在上面镌刻魑魅魍魉的图形,让人们提高警惕防止被其伤害。自从有了禹铸九鼎的传说,鼎在人们心目中的地位越来越重要,不仅成为烹饪的器皿,更是王位、权力的象征,从一般的炊器发展为传国重器,九个青铜制造的大鼎便成了夏、商、周三个朝代的王权象征和传国宝器。朱骏声在《六十四卦经解》里说:"鼎重镇,喻位;鼎有实,喻命。"国灭则鼎迁,《左传》有载:"桀有昏德,鼎迁于商,载祀六百,商纣暴虐,鼎迁于周。"历商至周都把定都或建立王朝称为"定鼎"。因此,后人用"定鼎"表示建立政权,"迁鼎"表示迁都,"移鼎"表示改朝换代,"窃鼎"表示夺取政权。春秋时,楚庄王北伐,楚庄王向王孙满询问起九鼎的大小和轻重,流露出夺取周朝天下之意,所以用"问鼎""观鼎"表示图谋王位。"鼎"因此也蕴含了行使权力之义。那么,"鼎"的这两层含义之间有什么联系呢?烹饪器何以能变成象征权力的法象器?《尚书·舜典》说"食哉惟时",意思是解决民食问题的关键是把握时令、发展生产。历代统治者总是把"敬授民时"作为施政的首务,为的是把握时令、发展生产,解决民食问题。诚谓"民以食为天",满足了百姓的"食",也就解决了最基本的生存问题,这是一个政权最基本的义务。如此,"鼎"的上述两层含义的内在关联就显而易见了。

典出先秦古籍的"革故""鼎新"思想为后世所推崇和践行,并将二者合二为一,形成成语——革故鼎新。唐代张说所撰《故开府仪同三司上柱国赠扬州刺史大都督梁国文贞公碑》中曰:"夫以革故鼎新,大来小往,得丧而不形於色,进退而不失其正者,鲜矣。"

# 第一章
## 革故鼎新的内涵诠释与思想流变

(《文苑英华》卷第八百八十四)宋代司马光所著《资治通鉴》中载："陛下革故鼎新，为人除害，而有司未改其所为。"(《资治通鉴·后唐庄宗同光二年》)由此革故鼎新成为成语，其词义延伸为通过破旧立新，推动事物健康成长和社会有序发展。

### 二、革故鼎新的内涵向度

孕育生发于先秦元典中的革故鼎新思想，为后世的政治家、思想家们所传承。他们不断对革故鼎新的思想观念进行诠释、弘扬，或倡导政治上的变法改革、文化上的思想革新，或推动社会生活上的移风易俗、生产技术的发明创造等，把破旧立新、变革创新贯彻到政治文化社会和科技等各个领域，从而拓展了革故鼎新的内容向度。

革故鼎新体现在政治领域，就是变法改革。南北朝时期魏收所著《魏书》中载："革弊创新者，先皇之志也。"(《魏书》卷六十二)唐初令狐德棻所撰《周书》中载："自魏孝武西迁，雅乐废缺，征博采遗逸，稽诸典故，创新改旧，方始备焉。"(《周书》卷二十六)唐代李延寿所撰《南史·后妃传上·宋世祖殷淑仪》中载："仲子非鲁惠公元嫡，尚得考别宫。今贵妃盖天秩之崇班，理应创新。"(《南史》卷十一)这些古籍中蕴含着丰富的革故鼎新思想，其"创新"一词主要指政治制度方面的改革或变革，如春秋战国时期著名的管仲变法、商鞅变法、李悝变法，西汉末年的王莽改制，后周周世宗改革，北宋中期的王安石变法以及晚清的戊戌变法等。这些变法和

## 读懂革故鼎新

改革的主要特点是革除旧的政治制度，建立新的政治制度，如管仲改革的实质是废除奴隶制，向封建制过渡；戊戌变法的实质则是用君主立宪制取代君主专制制度。

革故鼎新体现在文化领域，就是思想革新。早在先秦时期就已经涌现老子、孔子、庄子、孟子、荀子、韩非子等思想大家。他们阐发的精妙哲理，为后世思想家所吸收和创新。在先秦诸子之后，每一代思想家、文学家都在前人的基础上勇于创新、不断精进，在思想上产生了两汉经学、魏晋玄学，到隋唐佛学、儒释道合流、宋明理学等数个学说；文学上有汉赋、唐诗、宋词、元曲等多种形态的作品；在书法领域有隶书、楷书、行书等不同字体。这些成就既是中华文明的思想遗产，也是历代先贤们在兼收并蓄中推陈出新的结果。

革故鼎新体现在社会领域，就是移风易俗。早在春秋战国时期，古哲先贤就把革故鼎新与移风易俗相关联，主张"习俗移志，安久移质"（《荀子·儒效》），主张以礼乐教化民众来改变恶俗，使百姓变得纯良。《荀子·乐论》曰："乐者，圣人之所乐也，而可以善民心，其感人深，其移风易俗，故先王导之以礼乐而民和睦。"意为通过礼乐感染，达到人们思想道德面貌的改变，最终实现影响整个民族性格、整个社会风气的社会功能。唐初政治家魏征在其撰写的《隋书·卷五七·薛道衡传》中说道："悬政教于魏阙，朝群后于明堂，除旧布新，移风易俗。"宋代思想家朱熹将《大学》中的"亲民"改为"新民"，其意就是要革除旧弊、去其旧染、使民更新、教民向善，实现移风易俗。历史上，北魏孝文帝拓跋宏统治时期实行的推动鲜卑族向汉族同化的改制就是典型。从这个意义来说,"革故"就是去掉社会旧习,"鼎新"就是培养社会的优良风尚。

革故鼎新体现在科技领域,就是技术发明。近代思想家康有为开始在科技进步意义上使用"革故鼎新"。他在《请厉工艺奖创新折》中建议"奖募创新",在《大同书·奖智》中提及"创新"十多处,主张奖励新书、新器、新见、新识。"太平之世无所尚,所最尚者工而已;太平之世无所尊,所尊贵者工之创新器而已。"(《大同书》)在这里,康有为不仅表达了革故鼎新的思想,而且其所指革故鼎新的含义已经拓展为科学技术方面的创新。古代先贤们发明创造的造纸术、火药、印刷术、指南针,以及在天文、算学、医学、农学等多个领域创造的累累硕果就是"变中求新、新中求进"的具体体现,为世界贡献了无数科技创新成果,对世界文明进步影响深远、贡献巨大。

## 第二节 古代中国革故鼎新的思想与实践

革故鼎新思想有着悠久的历史渊源,是中国历史上创新思维的集中体现。从先秦诸子的普遍共识到封建帝制时代的改革变法,革故鼎新的主张始终贯穿中国古代政治思想史,展现出古代先贤对于理想政治秩序和社会规范的孜孜追求。

## 一、先秦时期的革故鼎新思想与实践

革故鼎新思想在先秦时期已有雏形，并逐渐成为先秦时期的一种普遍性观念。儒家、墨家、法家、杂家等以整个天下为对象，借"求变"主张表达对政治现状的不满，力图推行政治社会变革。

### （一）夏商西周时期的革故鼎新思想与实践

在夏、商的社会结构中，宗族血缘关系发挥着极大作用。夏朝君位继承以"父传子"为主，商朝的国家政权在夏的基础上经过改革和完善，采用"兄终弟及"的模式，"以弟及为主，而以子继辅之，无弟然后传子"（王国维《殷周制度论》）。为保证奴隶主贵族阶级的权力，优先在宗族内实现继承，使权力不至于失落，这是中国早期政治制度的一次变革。商朝建立初期，伊尹帮助商汤制定典章制度，规范使用甲骨文，政治上主张"居上克明，为下克忠"（《尚书·伊训》），强调"任官惟贤才，左右惟其人"《商书·咸有一德》。伊尹是中国第一个帝王之师，"以尧舜之道要汤"，"而说之以伐夏救民"，教授汤效法尧舜的以德治天下，为救民而伐夏的方略，对商的创立及巩固起了重要作用。

西周时期，周公提出"天命不常"的思想强化周王朝的政治统治，以发展变化的观点去认识天命，解释周灭商的历史合理性，指出："予惟小子，不敢替上帝命。天休于宁王，兴我小邦周。"（《尚书·大诰》）周公也指出天命与人事相统一，"天不可信，我道惟宁王德延"（《尚书·君奭》），天命不常，天的意志只能从民情体察，保民是敬天的关键。要求统治者做到敬从天命，怀保小民。唯有"敬德"的君主才符合天命和天道的要求，求得王朝统治的长久。周公"以德配天"的思想，是西周从神治到德治思想的重大转折。它是西周统治者逐渐摆脱神权思想的控制，实施"以德治国"统治模式的重大转折，是中国政治理念与政治思想的重大进步。在刑罚上，周公主张用刑适当，"刑新国，用轻典；刑平国，用中典；刑乱国，用重典"（《周礼·秋官·大司寇》），根据社会治安形势的优劣，灵活有区别地适用刑罚手段。刑罚是国家用来维护统治的工具，明德善罚的目的是使民众心悦诚服。周公对民众的力量以及民众在国家政治生活中的作用予以高度重视，实际上开创了后代重民思想的先河。

## （二）春秋战国时期的革故鼎新思想与实践

夏商西周的变革精神直接孕育出先秦的思想家，也催生出春秋战国时期"诸子蜂起，百家争鸣"的壮丽景观。身处春秋战国社会大变革时期的孔子，是一位富于社会批判精神的儒家思想家、政治家，希冀通过政治变革来改变无道的社会现实。孔子"言必称三代"，对三代的解读包含着革故鼎新的观点。孔子关于礼的思想是对周礼的全面继承，同时又有所损益。《论语·为政》中，子张问："十世可知也？"孔子认为三代之间存在"因"和"损益"的关系，"殷因于夏礼，所损益，可知也；周因于殷礼，所损益，可知也。其或继周者，虽百世，可知也"（《论语·为政》）。孔子强调夏商周制度文化一脉相承，存在因循的内容，与此同时针对各个时代的现实进行调整，尤其是周王朝吸取了夏商两代文化的精华，将我国早期文明推向鼎盛，为后世王朝提供了制度文化养分。三代损益说表达了孔子对时代变革的深刻认识。孔子把尧舜的治国方针推广到人们的行为处世规范，提出"中庸"思想，"君子之中庸也，君子而时中"（《中庸》）。"时中"即坚持原则的同时能审时度势、通权达变。他指出："君子之于天下也，无适也，无莫也，义之与比。"（《论语·里仁》）也就是说，没什么事必须怎样去做，或绝不能怎样去做，而是要根据实际情况，怎样能合于义就怎样去做。孔子强调德教与礼治，并辅之以刑，"政宽则民慢，慢则纠之以猛。猛则民残，残则施之以宽。宽以济猛；猛以济宽，政是以和。"（《左传·子产论政宽猛》）其思想是对以往暴政的批判和否定，其对人的重视与社会历史发展相一致。

儒家思想的另一位代表人物孟子提出"故天将降大任于是人也，必先苦其心志，劳其筋骨，饿其体肤，空乏其身，行拂乱其所为，所以动心忍性，曾益其所不能"（《孟子·告子下》）的思想论断，主张通过个人努力和自我改造达到革故鼎新的目的。孟子提倡王道，反对霸道。王道即尧舜等圣人治国理政的制度策略，故孟子"言必称尧舜"，他还提出历史发展循环论，认为社会是从治到乱，从乱到治，一治一乱，循环往复。孟子主张对工商业实行保护政策。战国时繁重的赋税和林立的关卡阻碍了工商业发展，针对这一现象，孟子提出："市，廛而不征，法而不廛。"（《孟子·公孙丑上》）意思是在市场上给商人提供货物储藏在栈房中，不征收货物税。官方依据法规收购，不使货物长期积压，以保证商人的利益。小农经济自给

# 第一章
革故鼎新的内涵诠释与思想流变

自足,统治者大多采取重农抑商政策,孟子保护工商业的主张在当时是富有远见的。

荀子主张隆礼重法,把法提升到孔孟认定的体现仁义的礼的高度,认为单纯依靠道德不足以教化百姓,主张对犯法的人予以严惩,从而维护国家稳定。"治之经,礼与刑,君子以修百姓宁,明德慎罚,国家既治,四海平。"(《荀子·成相》)荀子"隆礼"中的"礼"不同于儒家传统中的"礼"。传统中的"礼"是维护宗法制和世袭制的,而荀子的"礼"则被改造成为维护封建官僚等级制的新礼。"重法"中的"法"也不同于法家传统中的"法"。传统中的"法"是指严刑峻法、暴力镇压,而荀子除提出了"法者,治之端也"的命题,把法看成是治理国家的首要条件外,还提出了反对"以族论罪"的思想,这比法家"族诛连坐"的思想显然高出一筹。可见,荀子已有礼法兼施、王霸统一的思想,开创了汉代儒法合流,王、霸、道杂之的先河。

墨子主张"兼相爱、交相利",提出人与人之间应平等相待。墨子提倡的"兼"是为了取代"别"。"别"指差别和等级,"兼"指平等。墨子认为,"别"与"自爱""自利"相通;自爱自利者待人、处世、行事也必然是"交相别"。"交别"不仅分你我彼此,而且要分上下,损人以利己。"兼"则不同,"兼"贵平等相待。这对冲破春秋以前的等级制起到了促进作用。战国初期,任人唯亲是社会普遍存在的现象,墨子则提出"尚贤"的思想,主张:"官无常贵,而民无终贱。有能则举之,无能则下之。"(《墨子·尚贤上》)不论亲疏贵贱,唯才是举,这对于否定旧的世卿世禄制有一定积极意义。

013

墨子强烈反对战争，认为战争影响民众的生活，妨碍社会生产的发展。"冬行恐寒，夏行恐暑，此不可以冬夏为者也。春则废民耕稼树艺，秋则废民获敛。今唯毋废一时，则百姓饥寒冻馁而死者，不可胜数"（《墨子·非攻中》）。

法家主张用进化的观点解释历史，把历史分为上古、中世和当今三个阶段，每一阶段都有其特点，"上古竞于道德，中世逐于智谋，当今争于气力"（《韩非子·五蠹》），"德""智""力"的演化说明了上古、中世和当今的变化，"世异则事异""事异则备变"，韩非子提出"不期修古，不法常可，论世之事，因为之备"的主张，社会历史状态不同，社会治理方法也应随之改变。上古人寡而相亲，中世乃多事之时，当今则为大争之世，韩非子看到了历史变迁的客观性，主张因变而制世。远古必不如当今，先王必不如今王，古代的政治制度必不如当今的政治制度，主张对传统的政治制度实行全面的变革。韩非子还探寻了历史变动不居的原因，指出："古者丈夫不耕，草木之实足食也；妇人不织，禽兽之皮足衣也。不事力而养足，人民少而财有余，故民不争。是以厚赏不行，重罚不用，而民自治。今人有五子不为多，子又有五子，大父未死而有二十五孙。是以人民众而货财寡，事力劳而供养薄，故民争，虽倍赏累罚而不免于乱。"（《韩非子·五蠹》）韩非子从社会物质生活资料的多寡来解释社会历史的变化，具有一定的进步性。在法律实施方面，韩非子强调法不阿贵，即在法律面前，全体臣民是平等的。"法不阿贵，绳不挠曲。法之所加，智者弗能辞，勇者弗敢争。刑过不避大臣，赏善不遗匹夫。故矫上之失，诘下之邪，治乱决缪，绌羡齐非，一

# 第一章
革故鼎新的内涵诠释与思想流变

民之轨,莫如法。"(《韩非子·有度》)这区别于强调等级制的儒家,是法家法治思想的积极方面。

杂家是先秦时期杂糅儒、法、墨、名等各家学说的一个思想流派,以博采各家之说见长。在杂家的代表性典籍《吕氏春秋》中,吕不韦主张政治要适时而变法,"凡先王之法,有要于时也,时不与法俱至"(《吕氏春秋·察今》),指出治国要将守法与变法相统一,"故治国无法则乱,守法而弗变则悖,悖乱不可以持国。世易时移,变法宜矣"(《吕氏春秋·察今》)。邹衍作为阴阳家的代表人物,认为历史是一个变化发展的过程。规律在发展变化中起着必然支配作用,这一规律即"五德转移,治各有宜,而符应若兹"(《史记·孟子荀卿列传》)。每一德支配一个朝代,每个朝代都有特定的制度和政治。邹衍从描述天地未开到人世繁荣,显然具有进化论的成分。惠施作为名家思想的开山鼻祖,他强调万物皆变,而变化的根据就在于一切事物都处于相对的地位,"日方中方睨,物方生方死","天与地卑,山与泽平",自然界既没有绝对不变的事物,也没有至高无上的事物,这就否定了事物的绝对性和至尊性,隐含着否定王权至尊的思想。当诸子尤其是儒、法围绕着尊卑来设计思想和构筑现实秩序时,惠施"去尊"思想的提出在当时无疑具有一定的挑战性。

先秦时期,大争之世,有作为的诸侯国都想通过变法图强。这一时期,许多著名的政治家和改革家都比较推崇革故鼎新理念,并试图在其所处的时代中实践这一思想。管仲是春秋战国时期著名的政治家,他在齐国辅佐齐桓公期间,主张变法以富国强兵。他采取了一系列改革措施:在全国划分政区,组织军事编制,设官吏管理;

建立人才选拔制度，士经三审选，可为"上卿之赞"；按土地分等征税，禁止贵族掠夺私产；发展盐铁业，铸造货币，调剂物价。管仲改革成效显著，齐国由此国力大振，为齐桓公的称霸奠定了坚实基础。孔子曾说："微管仲，吾其被发左衽矣。"管仲辅助齐桓公做诸侯霸主，尊王攘夷，一匡天下，要是没有管仲，我们都会披散头发，左开衣襟，成为野蛮人了。

魏文侯任用李悝为相，对国家政治制度进行了大刀阔斧的改革。李悝主张改变魏国旧的世卿世禄制度，重要官职要选任有才能的人充当，优厚俸禄要奖给有功劳的人。这样变法的结果，大大削弱了魏国的世卿世禄制度，完善了吏治。李悝还作《尽地力之教》，实施重农政策，鼓励农民开荒种田。李悝主张赏罚严明，并制定了《法经》一书，分为《盗》《贼》《网》《捕》《杂》《具》六律，以法律的形式肯定和保护变法。所以司马迁评价说："魏用李克（悝）尽地力，为强君。"

商鞅是战国时期最出名的改革家，商鞅变法是中国古代历史上最著名的变法之一，它的成功对中国社会产生了极其深远的影响。在商鞅看来，国家治理没有一成不变的办法，只要有利于国家就不必仿效旧制度；汤武不沿袭旧法度而能王天下，夏殷不更换旧礼制而灭亡。因而，从公元前356年至前350年，他在秦孝公的支持下，在秦国大规模地推行过两次变法。第一次是在孝公六年（前356年）：奖励耕织，生产多的可免役；废除贵族世袭特权，制定按军功大小给予爵位等级的制度；推行连坐法。第二次是在孝公十二年（前350年）：合并乡邑为三十一县；废除井田制，准许土地买卖；创立按丁男征服的办法，规定一户有两男者必须分居，否则加倍征服；颁布法定的度量衡器，统一度量衡制。经过商鞅变法，原本弱小落后的秦国一跃成为战国群雄中最强大的国家，为秦始皇完成统一大业奠定了坚实基础。

## 二、秦汉时期的革故鼎新思想与实践

秦始皇二十六年（前221年），秦灭六国，统一中国，认为"名号不更，无以称成功，传后世"（《史记·秦始皇本纪》）。于是将"皇""帝"结合起来，自称始皇帝，开创帝制。秦始皇在中央确立丞相制度，辅佐天子管理国家事务。丞相制度的确立是中国封建官僚机构逐渐完善的重要标志，这一制度为历代统治者所沿袭，影响深远。秦始皇认识到"天下共苦战斗不休，以有侯王"（《史记·秦始皇本纪》），在全国范围内废除宗法分封制度，确立以宰相为首的官僚制度和郡县制度。此外，秦始皇以秦律为基础，参照六国律，实行"事皆决于法"的法制改革，把法制精神贯彻到各种制度和社会关系之中，"普施明法，经纬天下，永为仪则"（《史记·秦始皇本纪》）。秦始皇颁布"一法度衡石丈尺"诏书应录，规定依秦制统一全国度量衡标准，度量衡器由官府遵诏书负责监制，民间不得私造。凡制造度量衡器，皆需铸刻诏书全义，结束了战国以来度量衡制不一的局面。秦统一货币，以黄金为上币，以镒为单位，重20两，铜币为下币，重半两，规定珠、玉、龟、贝、银、锡等物只作器饰珍藏，不能充作货币，由比，金、铜货币成为行通全国的法定铸币。

西汉初，晁错在总结秦成败的历史经验与教训的基础上，建议"绝秦之迹，除其乱法"，摒弃重罚主义。他认为刑罚不是为了使民畏惧，而是"以禁天下不忠不孝而害国者也，故罪大者罚重，罚小者罚轻"（《汉书·爰盎晁错传》）。针对匈奴不断南下侵袭的严重边患问题，晁错提出一系列强边固防的策略，包括建立一支骁勇善战的军队，"器械不利，以其卒予敌也；卒不可用，以其将予敌也；将不知兵，以其主予敌也；君不择将，以其国予敌也"（《汉书·爰盎晁错传》）。相配套地实行更戍制度，"令远方之卒守塞，一岁而更，不知胡人之能。不如选常居者家室田作且以备之"（《汉书·爰盎晁错传》）。提倡用赐予高爵、免除赋役的手段迁徙内地民众实边屯垦，并将这些徙边的民众按军事编制严格地组织起来，常住久居，耕守自卫，实行对匈奴的积极防御。"居则习民于射法，出则教民于应敌，故卒伍成于内，则军正定于外"（《汉书·爰盎晁错传》）。这在极大程度上突破了秦朝有成无垦之策与汉初实施的轮番从内郡征调戍卒的局限性，其屯垦戍边主张乃历史首创，开历代屯田之先河。

贾谊认为秦亡在于"仁义不施"，要使汉朝长治久安，必须施仁义、行仁政，其仁义观带有强烈的民本主义的色彩。施仁义、行仁政的主要内容就是爱民，"故夫民者，弗爱则弗附"（《新书·大政下》），只有与民以福，与民以财，才能得到人民的拥护。贾谊提议进行礼制改革，上《论定制度兴礼乐疏》，以儒学与五行学说设计了一整套汉代礼仪制度，主张"改正朔、易服色制度、定官名、兴礼乐"（《汉书·贾谊传》），以进一步代替秦制。贾谊认为必须以道教化、移风易俗实现人们对汉朝统治的认同，他指出："夫民者，

# 第一章
革故鼎新的内涵诠释与思想流变

诸侯之本也；教者，政之本也；道者，教之本已。有道，然后教也；有教，然后政治也；政治，然后民劝之；民劝之，然后国丰富也。"（《新书·大政下》）贾谊认为君主应体现"道"而兴，"君也者，道之所出也"（《新书·大政下》），又强调"而所以有天下者，以为天下开利除害，以义继之也"（《新书·立后义》）。贾谊把行道作为取天下的前提和守天下的依据，这就隐晦地指出了君主必须进行自我改造和约束。

汉武帝反对墨守成规，主张"求变"。他指出，黄老之学在定国安邦、休养生息的时代确实发挥过巨大作用，但它早已不适应一个庞大、进取的强盛时代。变是事物发展的必要条件，"朕闻天地不变，不成施化，阴阳不变，物不畅茂"（《汉书·武帝纪》）。从实际出发对国家政策进行灵活调整，是成就丰功伟业的前提。汉武帝推行法家改革，指出"夫本仁祖义，褒德禄贤，劝善刑暴，五帝三王所由昌也"（《汉书·武帝纪》），主张外儒内法，德刑兼用。他广设法令、重用酷吏，厉行重典治世，成为传统社会以猛纠宽的典型例证。为了确保京师地区的政局稳定，在南北军制度的基础上，汉武帝重新整编了京师诸军：缩小南军编制，扩大近身侍卫部队；调整京师警备力量，削弱中尉过重的权力；设置七校尉军，加强京师驻军力量。重编京师军队进一步加强了中央集权统治。汉武帝把铸币权收归中央，统一铸造三铢钱，并把它作为统一的货币全国通行，销废各种旧币，禁止郡国和私人铸钱。只有革故鼎新，才能够求生存，才能够谋发展。司马迁在《史记·高祖本纪》结尾总结历史的兴衰规律："夏之政忠，忠之敝，小人以野，故殷人承之以敬。敬之敝，小人以鬼，故周人承之以文。文之敝，小人以僿，故救僿莫若以忠。三王之道若循环，终而复始。周、秦之间，可谓文敝矣。秦政不改，反酷刑法，岂不缪乎？故汉兴，承敝易变，使人不倦，得天统矣。"从历史的角度论证三代"忠""敬""文"的制度文化特征，以及相应的历史弊病，揭示"承弊易变"、革故鼎新的必要性。

西汉末年，王莽为缓和日益加剧的社会矛盾，推行新政。新始建国元年，他以王田制为名，恢复井田制，试图把全国土地重新分配，"今更名天下田曰'王田'，奴婢曰'私属'，皆不得买卖。其男口不盈八，而田过一井者，分馀田予九族邻里乡党，故无田，今当受田者，如制度，敢有非井田圣制，无法惑众者，投诸四裔，以御魑魅"（《汉书·王莽传》）。王田、私属制，是王莽针对西汉以来最突出的土地和奴婢两大社会问题提出来的解决办法。从主观上看，王莽看到了农民失去土地是由于日益严重的土地兼并，而土地兼并的根本原因在于土地买卖。因此，规定土地国有，不准私人买卖土地，便可以从根本上解决农民失去土地的现象。王莽还把盐、铁、酒、币制、山林川泽收归国有，将全国耕地重新分配，又废止残余奴隶制度，建立五均赊贷、六筦政策，以公权力平衡物价，防止商人剥削，增加国库收入。在实施较为激进的社会改革同时，他还屡次改革币制，试图废除汉朝使用已久的五铢钱，发行刀币形大钱，后因刀币犯了繁体字"刘"字的忌（有刀做偏旁），又废除刀币，发行小钱。最后另造28种货币，称为"五物、六名、二十八品"。连乌龟壳、贝壳和布也都成了货币。由于币制复杂混乱，导致民间交易不顺畅，且每次改制的钱币不断缩小，价却越来越高，实质上剥削了普通民众的财富。这些改革举措,意在抑制豪强巨富,避免因贫富不均爆发动乱。可是,一来改革规模过大,急风暴雨,齐头并进,很难奏效;二是当时土地私有化乃是大趋势,国有化行不通;三是政府经商的重大弊端使不少措施反而成了害民之举,以至加速了农民起义爆发,新朝迅速灭亡。

## 三、魏晋南北朝时期的革故鼎新思想与实践

魏晋南北朝上承两汉,下启隋唐,先后经历了三国鼎立、西晋的短暂统一、东晋与十六国的对峙、南北朝的对峙等几个时期,各政权都在政治、经济和军事等方面进行了改革。

曹操是曹魏政权的奠基者。他奉行"唯才是举",在人事管理方面突破门阀界限,打破汉末选官偏重门第、不问才德的情况,明令要求下属"各举所知,勿有所遗"(《曹操·举贤勿拘品行令》),不拘一格选官用人。曹操始创户调制,防止豪强兼并小农,规定"其收田租亩四升,户出绢二匹,绵二斤而已,他不得擅兴发"(《曹操·收田租令》),使濒于崩溃的自耕农经济得到不断的恢复和发展。汉魏时期,社会生产遭受严重破坏,出现大饥荒。这一时期,粮食供应成为各军事集团最大的问题,因军粮不足而无敌自破者不可胜数。曹操在各州郡置田官,随处屯田积谷,屯田制迅速推广到中原各地,每年收获谷物千万斛,解决了军粮问题,结束了东汉以来农民与土地分离的情况,农民又以国家隶属农民的身份和土地重新结合。一系列改革举措加强了曹操阵营的政治经济力量,为其统一北

方霸业奠定了坚实的经济基础。

前秦是氐族苻氏建立的十六国时期最强大的封建王朝,苻坚执政后实行了强有力的改革举措。苻坚不拘一格任用人才,不论民族,不分贵贱,凡有才能者皆用其长。"其有学为通儒、才堪干事、清修廉直、孝悌力田者,皆旌于表。""虽宗室外戚,无才能者皆弃不用。"苻坚还设立通过考试任用官吏的选拔制度,使汉族士人有更多机会进入前秦政治。由此,从中央到地方,汉人在官员队伍中的比例大大超过了各少数民族,前秦政权真正成了一个汉化了的少数民族政权。苻坚在处理民族关系上,实行开明的民族政策,以期改善各民族之间的关系,缓和民族矛盾,如灭代以后,"散其部落于汉鄣边故地,立尉、监行事,官僚领押,课之治业营生,三五取丁,优复三年无税租"。加强中央集权,抵制和打击氐族贵族势力,注重严刑峻法依法治国,是苻坚最重要的改革措施,"明法峻刑,澄察善恶,禁勒强豪。鞭杀一吏"。这为以后的抑制豪强势力的斗争打开了局面。他又"肃明典法,使清浊显分",注重法律的公平性和权威性,严格按照法律面前人人平等的原则办事。在文化上,苻坚大力提倡汉文化,"坚于是行礼于辟雍,祀先师孔子,其太子及公侯卿大夫之元子,皆束脩释奠焉"(《晋书·苻坚载记》)。不仅仅停留在官吏贵族的范围,而且把它推广普及到中下层。与之相比,十六国其他君主对儒学的推崇远未达到这样的广度和深度。

魏道武帝拓跋珪建北魏后实行了一系列汉化改革。他积极提倡以儒道治国,实行礼义德治。皇始元年(396年),拓跋珪开始建置百官,封拜官爵。北魏天兴二年(399年)始置五经博士,增加国子太学生员共三千人,并命郡县大索书籍,汇集平城。北魏天兴六年(403年),拓跋珪命令有司根据官吏的品位、级别,制作不同的朝服、冠冕,使礼乐、等级制度逐步建立起来。天赐元年(404年),拓跋珪仿汉族六卿之制,设立六竭官,又对官品爵位制度进行改革。此外,他解散了原来的氏族组织,使其成为国家的边户齐民,由此血缘关系的氏族变成地缘关系的边户。他汲取前代刑网峻密的教训,"乃命三公郎王德除其法之酷切于民者,约定科令,大崇简易"(《魏书·刑罚志》)。一系列革新举措,推动拓跋政权进入封建社会。

## 四、隋唐时期的革故鼎新思想与实践

隋朝历史虽短暂,却不乏改革举措。隋文帝认为法要根据社会形势和政治需要沿革损益,他指出:"帝王作法,沿革不同;取适于时,故有损益。"(《隋书·刑法志》)隋文帝时期立法活动频繁,屡有修律、布令、颁格、定式之举,增强了君主政治自我调整和应对事变的能力。隋文帝废除北周模仿《周礼》所设置的"六官",实行三省六部制,即尚书、中书、门下及吏、户、礼、兵、刑、工六部,明确中央官职分工,提高行政效率。地方则废郡设州县两级,裁撤冗员,实现中央对地方的控制。为了笼络人才,隋文帝首创科举制,从此庶族寒士也有大量机会得到提升。在兵制上,隋文帝颁布诏令改革府兵制,实行兵农合一。在改革之前,府兵与其家属、土地自成体系,不加入百姓的户籍,也不归属州县管理,军人家属的管理成为一大难题。而改革后的府兵具有军籍和民籍双重身份。军人及家属依照均田制在各州县分配土地进行耕种,在和平时期与农民一样耕田作业,打仗时便上前线,可以免除租税调役;同时,每年都必须轮流到京城驻防。府兵制的改革,使国家兵源得到有力保障,平时耕种,战时出征,减轻了军费支出的财政负担。另外,还削弱了各军队首领之间的联系,有利于封建国家统治的巩固。

南北分裂造成南北之间巨大的文化差异,而这种文化差异影响着人民的心理变化,成为全国统一的障碍。在沟通和建立南北统一的文化意识方面,隋炀帝作出了有益贡献。他恢复和发展佛教这一南北方人民的共同宗教信仰,礼遇僧侣、赞助佛教活动,制定保护佛教发展的文化政策,打破了存在两百多年的南北文化壁垒。隋炀帝为适应政治经济发展的需要,以洛阳为中心,开凿了纵贯南北的大运河。修大运河,沟通了海河、黄河、淮河、长江、钱塘江五大河流,解决了南粮北运的问题,同时还加强了对南方的控制,对促进南北经济的发展和交流起到了重要作用。在内政方面,隋炀帝进一步改革和完善官制,创设进士科,确立科举制度,正式取消九品中正制,使官吏的任用不再受门第的限制。在经济方面,隋炀帝对均田制进行改革,取消了奴婢、牛授田,不仅从经济上打击了豪强士族特权,还有利于人口的繁衍。

为了实现政权的长治久安,唐太宗特别注重总结历史经验,"安不忘危,治不忘乱,虽知今日无事,亦须思其始终。常得如此,始是可贵也"(《贞观政要·慎终》)。唐太宗认为君与臣是一个互相依存的政治统一体,他指出:"夫六合旷道,大宝重任。旷道不可以偏

# 第一章
## 革故鼎新的内涵诠释与思想流变

治,故与人共治之;重任不可以独居,故与人共守之。"(《帝范·建亲》)君主"虽劳神苦形,未能尽合于理"(《旧唐书·太宗下》),纳谏是君主掌握政治枢机、集思广益、调整政治的重要手段。在法制建设上,唐太宗重视用法律手段整顿吏治,做到"纳之轨度,令行禁止"(《唐太宗集·禁官人违律诏》)。唐太宗对司法制度进行了一系列革新,建立分权并行、彼此制约的司法机构和司法程序;明确司法失误的刑事责任,强化监察机制;唐律还总结出一整套相对完善的赃罪司法原则,开后世有关律条的先河。唐太宗吸取隋朝灭亡的教训,实施了一系列开明政策,诸如以农为本、厉行节约、休养生息、文教复兴、完善科举制度、实行平均地税制等,推动社会经济和文化思想的恢复和发展,使人民生活逐渐稳定,国力不断增强,造就了"贞观之治"的繁荣局面。

安史之乱以后,国家失去有效控制户口及田亩籍账的能力,土地兼并更是剧烈,加以军费急需,地方长官可以任意用各种名目摊派,无须获得中央批准,导致杂税林立,阶级矛盾十分尖锐。杨炎主张革新税制,指出:"财赋者,邦国大本,而生人之喉命,天下治乱重轻系焉。"(《新唐书·杨炎传》)具体举措如下:不论主户、客户皆以所居地统计;纳税人不分丁中,据贫富情况划分征税数量;经常往来行商的,在所在州县赋三十分之一的税;居民的税分夏秋两季征收。田亩税以大历十四年的土地数目为准,夏税不过六月,秋税不过十一月;废除租庸杂舶等名目,税额全部纳入两税。两税法的实行简化了以前名目繁多、混乱不堪的征税办法,统一了税制,扩大了征税对象,有利于约束官吏贪赃枉法的行为,达到了增加财政税收的目的,延缓了社会危机的爆发,使唐王朝在安史之乱后的艰危局面中幸存下来。

柳宗元紧紧围绕大唐王朝的现实发展来阐述他的革新主张,他提出"受命不于天,于其人;休符不于祥,于其仁。惟人之仁,匪祥于天;匪祥于天,兹惟贞符哉"(《柳宗元·贞符》)的著名论断,进而批判了西汉董仲舒以来帝王之道受于天的传统观念,具有破除迷信的无畏精神。柳宗元一反传统儒家"天命人归"的看法,认为人类历史是不断进化的,君主与国家产生于武力争夺,并指出明和志是君主必不可少的品质,"明离为天之用,恒久为天之道,举斯二者,人伦之要尽是焉。故善言天爵者,不必在道德忠信,明与志而已矣"(《天爵论》)。柳宗元指斥封建等级结构,批判祸国殃民的权贵,对社会现实进行了尖锐的揭露和批判,他认为赋税不均和吏治败坏是造成社会矛盾尖锐的重要原因,"赋敛之毒,有甚是蛇者""苛政猛于虎"(《柳宗元·捕蛇者说》)。在寻求改造吏治途径时,他提出"吏为民役"的主张,指出:"凡吏于土者,若知其职乎?盖民之役,非以役民而已也。凡民之食于土者,出其什一佣乎吏,使司平于我也。"(《柳宗元·送薛存义序》)他认为,官吏是民所雇佣的公仆,应尽心为民服务。

## 五、两宋时期的革故鼎新思想与实践

北宋张载从改革时弊的愿望出发,把儒家传统的民本思想与北宋的社会现实相结合,提出"仁道及人"的主张。他指出:"仁道有

# 第一章
## 革故鼎新的内涵诠释与思想流变

本,近譬诸身,推以及人,乃其方也。必欲博施济众,扩之天下,施以无穷。"(《正蒙·至当篇》)张载还提出"足民"的思想,认为必须满足民众的生活需要,使民众生活富足,才能治理好国家。其改革主张正印证了其"为天地立心,为生民立命,为往圣继绝学,为万世开太平"的政治抱负。张载反对独立于肉体之外的鬼的存在,对鬼"不可见其形"和"以无形而移变有形之物"提出怀疑。他的这种气一元论和无神论,在历史上具有重要地位。他还首次提出"天地之性"与"气质之性"的概念,认为天地之性源于太虚,"形而后有气质之性",天地之性是纯善的,气质之性有善有恶,但"善反之,则天地之性存焉"。这对宋代人性论有重大影响。

范仲淹针对时弊,厉行新政,主张为政要"思其道则变而通之"。在范仲淹看来,君主政治必须做到宽猛相济、文质相救,"故圣人之理天下也,文弊则救之以质,质弊则救之以文"(《奏上时务书》),不断自我调整与自我更新。范仲淹进一步指出,宋朝政治应改革更张,他从历史经验的角度出发,指出"历代之政,久皆有弊,弊而不救,祸乱必生。何哉?纲纪寖隳,制度日削,恩赏不节,赋敛无度,人情惨怨,天祸暴起"(《答手诏条陈十事》)。范仲淹罗列了宋朝存在的种种问题并提出十条改革措施,即明黜陟、抑侥幸、精贡举、择长官、均公田、厚农桑、修武备、推恩信、重命令、减徭役,力求实行自上而下的政治改革。其"条陈十事"囊括了吏治、科举、经济、国防等各个方面,宋仁宗根据"十事"内容,迈出"庆历新政"的改革步伐。

在中国封建社会众多的改革家中,王安石是一位卓荦不群的人物。王安石认为万物皆变,新故相除。"尚变者天道"(《河图洛书义》),人应效仿天道,自觉革故鼎新。北宋政治危机迫在眉睫,王安石指出:"变风俗、立法度,正方今之所急也。"(《宋史·王安石传》)他在熙宁变法中提出"天变不足畏,祖宗不足法,人言不足恤",表达了排除万难、推行变法的改革决心。王安石改革着眼于众建贤才、大明法度以及摧抑兼并三个方面,制定以理财为中心的改革方针,他指出:"夫合天下之众者财,理天下之财者法,守天下之法者吏也。吏不良,则有法而莫守;法不善,则有财而莫理"(《度支副使厅壁题名记》)。王安石认为只有在发展生产的基础上才能解决财政问题,"方今之所以穷空,不独费出之无节,又失所以生财之道故也。富其家者资之国,富其国者资之天下,欲富天下,则资之天地"(《与马运判书》)。这和司马光等人主张的收缩必要的财政开支以解决财政困难的保守观点形成鲜明对比。在王安石的主持下,先后制定和实行了均输法、青苗法、农田水利法、免役法、市易法、方田均税法、保甲法、保马法、将兵法、军器监、免行法等一系列的新法,从农业到手工业、商业,从乡村到城市,展开了广泛而深刻的社会改革。与此同时,在上层建筑领域也进行了史无前例的变革。王安石通过并营、置将、改进武器制作制度、实施保甲保马法,提高了军队的素质和战斗力,加强了对广大农村的控制。通过对官僚制度的变革,在一定程度上澄清了吏治。

陈亮与深究"性命义理"的程朱理学针锋相对,揭露其空谈义理文章,没有实际作为,并表示自己不会从事这种"事业","研究义理之精微,辨析古今之异同,原心于秒忽,较礼于分寸,以积累为功，以涵养为正，晬面盎背，则亮于诸儒诚有愧焉"(《又甲辰秋书》)。他注重实际，讲求事功，曾期许"至于堂堂之阵，正正之旗，风雨云雷交发而并至，龙蛇虎豹变现而出没，推倒一世之智勇，开拓万古之心胸，自谓差有一日之长"(《又甲辰秋书》)，其功利主义政治主张代表着当时的进步倾向。此外，陈亮对传统的君道观赋予了新的内容，提出"君臣戮力、事无不济"的思想主张，指出"臣闻上下同心，君臣戮力者，事无不济，上下相蒙，君臣异志者，功无不隳"(《论励臣之道》)，君臣各执职事，上下同心协力，才能治理好国家。叶适进一步发展陈亮的功利主义思想，提出"以利与人"和经世致用，反对理学的空谈义理，主张宽民之政，在实际上让民众有所收益，"为国之要，在于得民。民多则田垦而税增，役众而兵强。田垦税增，役众兵强，则所为而必众，所欲而必遂"(《民事中》)。

## 六、明清时期的革故鼎新思想与实践

借助于农民起义力量建立起来的明王朝，开国伊始面临着如何实行社会改革维护新王朝统治的问题。朱元璋根据明初的社会形势，进行了大刀阔斧的改革。朱元璋注重"安民""恤民"，主张恢复和发展生产以增强国力。为了建立有效的赋役制度，打击地主隐匿田产、户口以逃避赋役的行为，朱元璋下令对全国户口和耕地数额进行认真清理、统计，编制赋役黄册和鱼鳞图册，形成了严密的户口和财产登记制度。在其统治期间，朱元璋主张"刑用重典"，"吾治乱世，刑不得不重"（《明史》卷九十三），"意在使人知所警惕，不敢轻易犯法"（《明太祖实录》卷二三九）。洪武三十年（1397年），《大明律》最终成书。明律在编纂体例上，以"名例"冠于篇首，下按六部分目，划定为吏律、户律、礼律、兵律、刑律、工律六部分。这在中国法律史上是一项新的创造，打破了隋唐以来沿袭已久的封建法律体系结构，被清朝直接沿用。《大明律》较《唐律》已显示出严于治吏的特征。朱元璋治吏以惩戒性教育为主，目的是使全国官员、民众知法、畏法、守法，从而形成良好的政治秩序和社会风气。

为了实现富国强兵的目标，张居正进行了较为全面的改革。张居正认为社会的衰败往往始于太平盛世，他指出"天下之事，极则必变，变则反始，此造化自然之理也"（《张太岳集》卷十八），并以此为基点建立起"治乱周期"，将明代置于客观的社会和自然发展序列的一个特别环节上，为推行变革运动提供合法支撑。他将经世致用之学用于改革实践，对吏治、理财双管齐下。在整顿吏治上，他推行考成法，"盖天下之事不难于立法，而难于法之必行；不难于听言，而难于言之必效。若询事而不考其终，兴事而不加屡省，上无综核之明，人怀苟且之念，虽使尧舜为君，禹皋为佐，亦恐难以底绩而有成也"（《张居正·请稽查章奏随事考成以修实政疏》）。这在相当程度上纠正了崇尚空谈、不务实事的积弊，为其他改革措施的推行奠定了基础。经济改革推行"一条鞭法"，即一年只交一次税，以每县原有税额总数为准，把田赋和代役钱合在一起征收。将派役钱与夏秋两税和其他杂税合编为一条征收，不许额外再追加横索。税粮、差役一律改为征银（折色），改变以往交本色粮而由粮长协助

# 第一章
革故鼎新的内涵诠释与思想流变

征收交纳的制度。地方官征银后直接运送国库。"一条鞭法"将实物赋税基本改为货币赋税，是赋税史上的一大进步。

明末清初的士大夫们深刻体悟到理学空谈误国、八股科举害人的弊端，屡屡呼唤革故鼎新。黄宗羲发展儒家民本思想，提出"天下为主，君为客"这一具有超时代意义的命题。君是应兴天下之公利、除天下之公害的需要而产生的。他指出"天下之治乱，不在一姓之兴亡，而在万民之忧乐"，主张以"天下之法"取代皇帝的"一家之法"，从而限制君权，保证人民的基本权利。这一主张驳斥了"普天之下，莫非王土；率土之滨，莫非王臣"的皇权专制观念，体现了近代民权、民生思想。黄宗羲根据社会工商业发展的实际，提出"工商皆本"的思想，他指出："世儒不察，以工商为末，妄议抑之。夫工固圣王之所欲来，商又使其愿出于途者，盖皆本也。"（《明夷待访录·财计三》）顾炎武从"明道救世"的经世思想出发，还萌发了对君权的大胆怀疑。他在《日知录》的"君"条中，旁征博引地论证了"君"并非封建帝王的专称，并进而提出反对"独治"，主张"众治"。他指出："人君之于天下，不能以独治也，独治之而刑繁矣，众治之而刑措矣。"（《日知录》）这种怀疑君权、提倡"众治"的主张，具有反对封建专制独裁的早期民主启蒙思想的色彩。王夫之认为，历史是不断发展进化的，反对"言必称三代"的法古思想。他指出："三代之法，不可挟以为名，治后世之天下，非一端而止矣。"（《读通鉴论》卷二十九）每一时代的制度各有其优劣，要事随势迁。王夫之批判封建专制统治，对君主至高无上的地位提出挑战。他从"一姓之私"与"天下之公"二者关系出发，指明"一姓之兴亡，私也。而生民之生死，公也"（《读通鉴论》卷十七），提出"不以天下私一人"的反专制思想。王夫之主张"以民为基"，即君应以民为根基，民心的向背是维护统治的关键。

清朝雍正皇帝深谙"民为邦本"的道理，采取了一系列改革举措巩固自己的统治。他敢于触动权贵集团的利益，在革新税制上，在全国实行摊丁入亩政策，"自后丁徭与地赋合二为一，民纳地丁之外，别无徭役矣"（《清史稿》卷一百二十），把各省丁税原额分摊在各州县的土地上，每地税一两分摊若干丁银，自一二钱至七钱不等。这种方法使有田者增加赋役，贫者免役，改变了过去丁役不均、放富差贫的现象。耗羡归公是雍正实行的另一项重要的财政改革。"耗羡"是指征收赋税、交纳钱粮时对合理损耗部分的补贴。"耗羡"在归公之前，均由地方官私征私用，"钱粮之加耗羡，原非应有之项……州县既有耗羡，而上司官员无以养廉，势不得不收州县之馈送，是上司冒贪赃之罪，以为日用之资"（《清朝文献通考》卷四十二）。实行耗羡归公后，耗羡的征收完全合法，但收入不归州县官，而属布政司，这就使地方官失去了一条生财之路。为了防止官吏再对百姓征收额外费用，以致出现新的贪赃枉法行为，雍正实行"养廉银"制度，即在正俸之外，从耗羡归公部分提取一些给州县官作为生活补贴及办公费用，以减少贪污腐败行为。

## 第三节　近代中国的革故鼎新思想与实践

近代以降,在革故鼎新的创新精神引导下,变法图强成为时代的主旋律。农民阶级、地主阶级、资产阶级先进分子为抵抗外辱、实现民族独立、人民解放,进行了一次次伟大而又艰辛的探索,学习西方历经"器物""制度""文化"等多个阶段,实现了从改良到革命的思想转变。由于时代及变革者本人综合条件的局限,变革的效果有强有弱,有成有败,但当变革的行动交汇联动形成篇章时,则生成磅礴之力,共同推动着中华文明滚滚向前。

### 一、封建士大夫的革故鼎新思想理念

龚自珍、魏源受今文经学的影响,猛烈抨击封建末世的黑暗,率先提出"改革""变古"主张,提倡"经世致用"。龚自珍对官僚地主、文人士子沉醉"盛世"迷梦进行了最早、最尖锐的揭露和批判,在《西域置行省议》中指出,自嘉庆以来已走向"日之将夕,悲风骤至"的哀世。他提出"更法改制"的主张,指出"自古即今,法无不改,势无不积,事例无不变迁,风气无不移易"[①],改革是历史发展的必然趋势。龚自珍揭露和批判封建的论资排辈的用人制度,他认为:"一限以资格,此士大夫所以尽奄然而无有生气者也。当今

---

① 《龚自珍全集》,上海古籍出版社1999年版,第319页。

之弊，亦或出于此，此不可不为变通者也。"① 直至晚年，龚自珍仍发出"我劝天公重抖擞，不拘一格降人才"的悲愤。龚自珍将今文经学和经世致用相结合，指出"自古及今，法无不改，势无不积，事例无不变迁，风气无不移易"②，提出了一系列具体改革措施。政治上主张君臣共主，共治天下，"为天子者，训迪其百官，使之共治吾天下，但责之以治天下之效，不必问其若之何而以为治，故唐、虞三代之天下无不治"③。经济上提出平均财富，发展生产的主张，认为"小不相齐，渐至大不相齐，大小不齐，及至丧天下"④，贫富悬殊过大导致社会动乱，甚至会导致封建王朝覆灭。然而沉重的羁绊、黑暗的封建时代使得他徒有雄心，无用武之地。

晚清时期，改革是大势所趋。魏源认为要挽救清王朝覆灭的危机，需要革除弊政，兴利除害，"天下无数百年不弊之法，亦无穷极不变之法，亦无不除弊而能兴利之法，亦无不易简而能变通之法"（《淮南盐法轻本敌私议自序》），"治不必同，期于利民""变古愈尽，便民愈甚"（《默觚下·治篇五》）。他高喊"师夷长技以制夷"的响亮口号，开辟反抗外国侵略、学习西方文明的新方向。魏源在《海国图志》中分析研究了西方国家的情况，找到中国在军事、制造工业方面的差距，提出"师夷长技以制夷"口号，"善师四夷者，能制四夷，不善师四夷者，外夷制之"（《海国图志》卷三十七）。知夷是

---

① 《龚自珍全集》，上海古籍出版社1999年版，第34页。
② 《龚自珍全集》，上海古籍出版社1999年版，第34页。
③ 《龚自珍全集》，上海古籍出版社1999年版，第34—35页。
④ 《龚自珍全集》，上海古籍出版社1999年版，第78页。

前提，师夷是手段，制夷是目的，引进西方先进武器和军工技术是重点，以达到富国强兵的最终目的。魏源所主张的学习西方的"长技"有三项，一是战舰，二是火器，三是养兵练兵之法。这些虽然还只局限于军事技术方面，但他敢于放下天朝上国的架子，发现西方有可学之处，并建议中国商民可自行设厂局制造船械，开近代中国人学习西方之先河。

## 二、农民阶级的革故鼎新思想理念

太平天国农民运动不仅在政治、军事、经济等方面对封建统治进行了斗争，而且在思想、理论、组织等方面达到了旧式农民革命所不能达到的高度，形成了中国近代农民革命思想高潮。洪秀全揭露当时的社会是"世道乖漓，人心浇薄，所爱所憎，一出于私"①，认为只有改革才能迎来光明，"乱极则治，暗极则光，天之道也。于今夜退而日升矣"②。在太平天国运动初期，洪秀全在《原道救世歌》中提出反对"淫""忤父母""行杀害""为盗贼""为巫觋""为赌博"六不正行为，为拜上帝会成员确立道德准则。定都天京后，洪秀全颁布了《天朝田亩制度》，在土地制度方面彻底废除封建地主土地所有制，主张天下土地归天父所有，把土地平均分给所有臣民使用，集中反映了广大农民渴求土地的迫切愿望。洪秀全提出平均土地的纲领，将历史上农民革命斗争思想和中国古代的大同思想，纳

---

① 《太平天国》第1册，上海人民出版社、上海书店出版社2000年版，第91页。
② 《太平天国》第1册，上海人民出版社、上海书店出版社2000年版，第92页。

入从西方学来的宗教思想形式中,提出一个没有剥削、没有压迫、没有贫穷、没有饥饿的理想社会的蓝图。这不仅是中国农民战争在政治思想上的高峰,还闪耀着近代民主性思想的光辉,在中国民主革命中起到了先驱作用。从洪秀全对西方宗教的改造来看,当时的基督教精神要义在于人们对统治者的压迫剥削逆来顺受,死后才能灵魂得救进入天堂,洪秀全指出,基督教"过于忍耐或谦卑,殊不适用于今时,盖将无以管镇邪恶之世也"。洪秀全没有照搬西方神权政治。在文化教育方面,他提出设立教堂作为文化教育的场所,这一举措对于破除封建传统观念,移风易俗,都有一定的积极意义。

"治国必先立政,而为政必有取资"(《资政新篇》),洪仁玕试图发展资本主义,以挽救太平天国。其《资政新篇》根据"因时制宜,审势而行"原则,提出"凡一切制度考文无不革故鼎新"的革新思想。经济方面,洪仁玕主张发展交通事业,如"兴车马之利""兴舟楫之利",仿造外国火车轮船,发展水陆交通。政治方面,洪仁玕主张"禁朋党之弊",加强中央集权,准卖新闻篇或暗柜,欲使"上下情通,中无壅塞弄弊者,莫善于准卖新闻篇或暗柜也"(《资政新篇》)。"新闻篇"即报纸,"暗柜"即意见箱。新闻篇可以随时揭露"结盟联党"或阴谋叛乱等事,有利于巩固中央政权统治;暗柜则准许士民反映情况,提出意见不予追究,有利于朝廷了解施政得失。文化教育方面,洪仁玕改革考试制度和考试内容,文科考试增加了《真圣主御笔改正四书五经》,考试科目增加了"策论"项;武科考试增加了《兵要四则》等书。法制建设是《资政新篇》一个突出的革新内容,"法之质在乎大纲,一定不易;法之文,在于小纪,每多变迁"。在基本大纲不变的前提下,根据形势发展修改具体条文,其法制思想具有资产阶级民主性的进步思想。《资政新篇》是一个包括政治、经济、文化和社会生活各方面内容的具有资本主义性质的改革方案。它是洪仁玕向西方学习的结晶,符合社会发展规律。《资政新篇》比前期颁布的《天朝田亩制度》更富于现实性,为洋务运动、戊戌变法及中国的近代化提供了珍贵的历史资料。

## 三、早期维新派的革故鼎新思想主张

维新思想在承认清朝皇帝权威的前提下,从政体上用和平方式改造政权,表达了维新思想家们对专制政治的批判、对君主立宪政治的向往以及他们的实践过程,表达了新生的资产阶级参与政权的强烈愿望。早期维新派代表人物有冯桂芬、王韬、郑观应、薛福成、马建忠等人。

冯桂芬把克服封建社会危机的希望寄托于"复古法"和"师蛮貊","复古法"即"去其不当复者,用其当复者"(《校邠庐抗议》);"师蛮貊"即学习西方,他提出"采西学、制洋器、筹国用、改科举"等建议,主张在学习西方时要以"中国之纲常名教为原本,辅以诸国富强之术"(《校邠庐抗议》)。在《校邠庐抗议》中,冯桂芬对中国和西方各国进行了比较,认为中国"人无弃才不如夷,地无遗利不如夷,君民不隔不如夷,名实必符不如夷",军旅之事则"船坚炮利不如夷,有进无退不如夷"。他还主张整顿吏治,减轻赋税,兴修水利,发展农桑。冯桂芬是从地主阶级改革派向资产阶级早期改良派过渡的人物,其思想具有承上启下的作用。

王韬在与顽固派、洋务派的思想斗争中提出"应变"和"善变"的主张。政治上,他对西方君主之国、民主之国、君民共主之国三类国家制度进行了比较,十分赞赏西方君主立宪制,主张实行君民共治,"唯君民共治、上下相通,民隐得以上达,君惠亦得以下逮"(《弢园文录外编·重民下》),"内可以无乱,外可以无侮,而国本有若苞桑磐石焉"。经济上,王韬反对重本抑末,要求发展工商业,"许民间自立公司,听其自为,而官常保助之,毋遏抑也"(《弢园文录外编·重民中》)。军事上,王韬提出对绿营水师进行装备、编制、训练等方面的全面改革,在装备上"而一以枪炮为先,轮船为尚"(《弢园文录外编·变法自强中》);在编制上仿西分为步、骑、枪、炮等兵种,加以编组;在训练上做到"心志定,步伐齐,队伍肃,常若临大敌而可用"(《弢园文录外编·变法自强中》)。建设新式的常备军,进行军事改革有利于抵御外国列强的侵略。

在《盛世危言》中,郑观应指出:"欲自强,必先致富;欲致富,必首在振工商;欲振工商,必先讲求学校,速立宪法,尊重道德,改良政治。"经济上强调以商战为主,发展本国资本主义工商业,以对抗外来经济侵略,指出"兵之并吞祸人易觉,商之搕克敝国无形""欲制西人以自强,莫如振兴商务"(《盛世危言·商务》)。要求改革税制,主张改革关税,废除厘金,"凡我国所有者轻税以广去路,我国所无者重税以遏来源,收我权利,富我商民"(《盛世危言·税则》)。允许社会富民发展工业,兴"制造之利","凡……制造之处,一律准许民间开设,无所制止,或集股或自办,悉听自便"。政治上反对专制,主张设议院、行选举,"有议院揽庶政之纲领,而后君相臣民之气通,上下堂廉之隔去,举国之心志如一,百端皆有条不紊"(《盛世危言·议院》)。文化上,郑观立称,传教士"欲服华人之心,阳托修和,阴存觊觎",其害"倍甚通商",而且"莠民以入教为护符,常闻作奸犯科,讹诈乡愚,欺凌孤弱,占人妻,侵人产,负租项,欠钱粮,包揽官事,击毙平民,种种妄为,擢发难数",揭露和抨击了传教士的文化侵略。

经济上,薛福成主张把商业置于士农工商之首位,充分发挥商业在整个国民经济中的重要作用,"西人之谋富强者,以工商为先"(《出使四国日记》)。他指出,"盖有商,则士可行其所学而学益精,农可通其所植而植益盛,工可售其所作而益勤,是握四民之纲者,商也"(《出使四国日记》)。要求发展工商业,占领国内市场,"中国多出丘分之货,则外洋少获户分之利"(《筹洋刍议·商政篇》),马建忠亦强调:"要使中国多出一分之货,外洋即少获分之利,而中国之工商转多得一分生计。"(《适可斋记言记行》)陈炽反对洋务派"摧折华商"的主张,提出成立商部、制定商律、保护关税、实行专利等举措。政治上,陈炽主张设议院,实行君主立宪制,"泰西议院之法,本古人悬鞀建铎,闾师党正之遗意,合君民为一体,通上下为一心"(《庸书·议院》),还提出将议会政治与中国古代乡官制度结合,主张每年选乡官二名,乡官即充议员。何启和胡礼垣则主张将西方议会政治与中国科举制度结合起来,省、府、县各设议员60名,分别从进士、举人、秀才中选择。这些主张反映了新兴资产阶级的要求,在当时具有一定进步意义。

## 四、资产阶级维新派的革故鼎新思想与实践

维新派以进化论和君主立宪为武器,同顽固派展开思想论战。早期维新思潮发展到有理论基础、有明确系统的改良政治主张;由思想宣传著书立说,发展到政治运动,付诸实践。这一时期的代表人物有康有为、梁启超、严复等人。

康有为把达尔文的进化论和中国传统文化糅合起来论证历史进化的道理,认为人类社会是变化的、发展的,社会政治需要不断变革,才能适应社会历史的发展。"诚以积习既深,时势大异,非尽弃旧习,再立堂构,无以涤除旧弊,维新气象。若仅补苴罅漏,弥缝缺失,则千疮百孔,顾此失彼,连类并败,必至无功。"(《上清帝第四书》)康有为主张"全变"的进化论,"观大地诸国,皆以变法而强,守旧而亡。……全变则存,小变仍亡",认为只有立即变法,才能救亡图存。在维新变法运动中,康有为以《新学伪经考》和《孔子改制考》来鸣锣开道。《新学伪经考》宣布六经皆伪,向传统儒家经典提出挑战,破除人们对经学的迷信,对维新变法具有启蒙作用。《孔子改制考》主要从正面阐明孔子托古改制的微言大义,用以证明其维新变法的主张是合乎古训的。康有为考察了封建社会的政治制度,认为君主专制制度弊病太多,是中国衰败的原因所在。"考中国败弱之由,百弊丛积,皆由体制尊隔之故。"政治上,他指出两千年来的政治都是暴政,历代帝王都是暴主、民贼,主张变封建专制政体为君主立宪制。"臣窃闻东西各国之强,皆以立宪法开国会之故,国会者,君与国民共议一国之政法也。盖自三权鼎立之说出,以国

# 第一章
革故鼎新的内涵诠释与思想流变

会立法，以法官司法，以政府行政，而人主总之，立定宪法，同受治焉"（《请定立宪开国会折》）。经济上，主张发展资本主义经济，在《上清帝第二书》中提出"富国之法有六，曰钞法，曰铁路，曰机器轮舟，曰开矿，曰铸银，曰邮政"，力图通过兴办近代交通运输，建立货币信用制度，为顺利发展资本主义创造条件。文化上，主张废八股，养人才，"才智之民多则国强，才智之士少则国弱"。

梁启超以进化论阐明变法的必要性，"上下千岁，无时不变，无事不变，公理有固然，非夫人之为也"[①]，非变革无以救中国。他针对洋务派"中学为体，西学为用"的纲领，提出"以群为体，以变为用"的思想主张，认为只有变专制制度为君主立宪制，才能达到救亡图存的目的。"凡国必风气已开，文学已盛，民智已成，乃可设议院。今日而开议院，取乱之道也。故强国以议院为本，议院以学校为本"（《古议院考》），认为开议院和开民智是实现民权不可或缺的两个方面。梁启超的民权思想，集中体现在"三世相演"说之中。梁启超认为人类社会政治制度经历了多君为政之世、一君为政之世、民为政之世。改君主为君民共主是符合人类进化进程的，宣传民权代替君权是历史发展的必然。梁启超的变法维新方案有如下内容：全面促进农工商和交通事业的发展，废除厘金一类的障碍；废科举，兴学校，全面改革培养和选拔人才的方法；建立法制，借鉴资本主义发达国家的宪法、民法、商法、刑法，制定和修改中国宪法和其他法律；改变官制，裁减冗员，起用新人；实行君民共主，改变人民无权状况；设立报馆，翻译西书，介绍西方学说，宣传新政，开

---

① 李华兴、吴嘉勋：《梁启超选集》，上海人民出版社1984年版，第3页。

通民智，监督政府。

严复认为中国受西方列强欺凌，中国处于弱势一方，必须实行改革，使中国由弱变强，"天下理之最明，而势所必至者，如今日中国不变法则必亡而已"（《救亡决论》）。严复以进化论优胜劣汰、适者生存来观察自然界和人类社会，企图以进化论为武器，向国人敲响维新变法的警钟。严复以资产阶级"天赋人权论"为武器，批判君主专制。严复在1898年上书要求改革，并具体提出两类改革：治标，包括经武、理财、择交、善邻；治本，包括立政、养才、风俗、人心，又包括鼓民力、开民智、新民德三项变革。谭嗣同在《仁学》一文中强调思想上要冲决网罗，尤其是要冲决君主之网罗，达到中外通、上下通、男女内外通、人我通。他认为变法的起点应从封建纲常名教出发，提出"子为天之子，父亦为天之子，夫非人所得而袭取也，平等也"（《仁学》），主张资产阶级的自由平等。谭嗣同指出，君主专制是一切罪恶的根源，要求维新变法，冲决君主之网罗。他抨击帝王"竭天下之身命膏血，供其盘乐怠傲，骄奢而淫杀""一身之不足，又滥纵其百官，又欲传之世世万代子孙"（《仁学》），因而要变君统，倡民主。谭嗣同具有民主革命的倾向，认为"彼君之不善，人人得而戮之"（《仁学》），发出流血斗争的呐喊。

## 五、资产阶级革命派的革故鼎新思想与实践

孙中山是我国近代民主革命的先行者。他敢于冒着杀头甚至毁家灭族的危险，率先高举反清革命的大旗，掀起了近代中国民主革

## 第一章 革故鼎新的内涵诠释与思想流变

命的浪潮。孙中山以社会进化论为武器，论证推翻封建专制建立共和国的必然性。他认为人类的发展经历了洪荒年代、神权时代、启蒙时代，现在已进化到民权时代，这是不可抗拒的社会发展的潮流。他强调"革命"在社会进化中的作用，发起辛亥革命，武力推翻了清王朝并留下"革命尚未成功，同志仍需努力"的遗训。孙中山提出三民主义学说，强调："我们革命的目的是为众生谋幸福，因不愿少数人专利，故要民族革命；不愿君主一人专利，故要政治革命；不愿少数富人专利，故要社会革命。"① 主张推翻清王朝，建立资产阶级共和国，要求革除封建土地所有制。为保卫辛亥革命成果，"再造共和"，孙中山与袁世凯以及大大小小的军阀专制作坚决斗争，从挫折与失败中认识到，只有实行国民革命和正确的革命方法，即"联俄、联共、扶助农工"三大政策，将旧三民主义转变为新三民主义，才是中国的唯一出路。"夫事有顺乎天理，应乎人情，适乎世界之潮流，合乎人群之需要，而为先知先觉者所决志行之，则断无不成者也，此古今之革命维新、兴邦建国等事业是也。"② 在孙中山看来，要不断学习，与时俱进，成为社会进步的引领者。

黄兴在严重的民族危机刺激下，接触西方资产阶级民主思想后，走上革命道路。黄兴与孙中山共议将兴中会、华兴会等团体合组为中国同盟会，从此资产阶级民主革命有了全国性的统一的政党组织，使革命进入了一个新的阶段。黄兴认识到只有武装推翻清王朝，建立共和国，才能实现三民主义。黄兴把主要精力用于组织武装起义

---

① 《孙中山全集》第1卷，中华书局1981年版，第329页。
② 黄彦：《建国方略》，广东人民出版社2007年版，第86页。

## 读懂革故鼎新

上,有 1907 年 9 月 1 日,的钦州—防城起义,12 月的镇南关起义;1908 年 3 月的钦廉上思起义,4 月的云南河口起义等。黄兴宣传政党政治,制约袁世凯的独裁专制,在当时具有一定的民主性、革命性。"欲民国现象日臻良好,非政党不为功。……唯政党本旨旨在监督政府,指导国民,又贵随时变迁,以图匡济。"[①] 在当时的政治条件下,黄兴主张同盟会应当从事政党政治活动是正确的。黄兴是民生主义的积极拥护者,他指出:"以世界大势观之,社会革命岌岌不可终日,吾人此次革命,即根据社会革命而来,民生主义繁博广大,而要之则平均地权。反而言之,即是土地国有"[②]。与之相联系,黄兴致力于实业救国和教育救国。"窃以为西国实业日新月异,即以东亚为市场,即不能禁民之购货。唯有事事仿造,翻新出奇,非惟可塞漏卮,实可畅销国货。甚至风俗,则学其醇而避其醨,必一求其形焉,则误矣!"[③]他认为要建设资本主义现代的国家关键在于培养人才,而培养人才的关键在于办好教育。"欲言建设,当得人才,欲得人才,当兴教育。"[④]这些意见在当时难能可贵,至今仍有启迪和借鉴作用。

邹容在《革命军》中批判封建专制,歌颂民主革命。他指出:"我中国今日不可不革命。……革命者,天演之公例也;革命者,世界之公理也;革命者,争存争亡过渡时代之要义也;革命者,顺乎

---

[①] 湖南省社会科学院:《黄兴集》,中华书局 2011 年版,第 293 页。
[②] 湖南省社会科学院:《黄兴集》,中华书局 2011 年版,第 240 页。
[③] 湖南省社会科学院:《黄兴集》,中华书局 2011 年版,第 252 页。
[④] 湖南省社会科学院:《黄兴集》,中华书局 2011 年版,第 240 页。

天而应乎人者也；革命者；去腐败而存良善者也；革命者，由野蛮而进文明者也；革命者，除奴隶而为主人者也。"他认为只有通过革命，推翻清王朝不合理的制度，才有平等自由可言。陈天华深刻揭露清政府的残暴昏庸，指出"君主专制，政弊而不能久存"，高度赞扬民主政体，主张建立共和政府，"革命之后，宣布自由，设立共和，其幸福较之未革命之前，增进万倍，如近日泰西诸国之革命是也"①。陈天华的反帝爱国革命思想，在资产阶级革命兴起过程中产生了巨大影响，特别是其爱国主义与民主主义相结合的思想，推进了近代中国资产阶级革命的发展。

## 六、新文化运动时期的革故鼎新思想与实践

新文化运动时期的先进人士高举"科学""民主"两面大旗，用资产阶级的社会政治学说和西方科学文化为武器，向封建主义的思想堡垒发起了进攻，迎来了马克思主义在中国的初步传播和发展，实现了中国旧民主主义革命向新民主主义革命的转变。

### （一）陈独秀的革故鼎新思想

陈独秀是五四时期激进的革命民主主义思想家，是新文化运动的旗手。面对国内尊孔复古思潮泛滥、各种思潮争鸣、袁世凯筹划"帝制自为"的纷乱环境，陈独秀指出："吾国之维新也，复古也，共和也，帝制也，皆政府党与在野党之所主张抗斗，而国民若观对岸之

---

① 刘晴波、彭国兴：《陈天华集》，湖南人民出版社2008年版，第220页。

火，熟视而无所容心，其结果也，不过党派之胜负，于国民根本之进步，必无与焉。"他认为必须进行思想革命，改造国民性。"欲使共和名副其实，必须改变人的思想，要改变思想须办杂志。"1915年9月，陈独秀在上海创办《青年杂志》。陈独秀在《青年杂志》第1卷第1号发表《敬告青年》强调，青年应成为"自主的而非奴隶的；进步的而非保守的；进取的而非隐退的；世界的而非锁国的；实利的而非虚文的；科学的而非想象的"。《青年杂志》后改名《新青年》，吹响了新文化运动的号角。《新青年》树起"科学"与"民主"两面旗帜，发起文学革命，提倡新文化、新思想、新道德，反对旧文化、旧思想、旧道德，介绍西方资产阶级文化思想，对中国的思想界产生了强有力的启蒙作用，成为团结进步青年知识分子的重要阵地。

"以人事之进化言之，笃古不变之族，日就衰亡；日新求进之民，方兴未已。"陈独秀提出，不断创新，不断创造，才能不断进步。他高举"民主""科学"两面大旗，指出："国人而欲脱蒙昧时代，羞为浅化之民也，则急起直追，当以科学与人权并重。"[1] 陈独秀认为只有彻底废除封建专制制度，真正实现人民享有平等自由之人权，才能建设真正的民主共和国，"吾国欲图世界的生存，必弃数千年相传之官僚的、专制的个人政治，而易以自由的、自治的国民政治也"[2]。为此他对封建伦理道德进行无情的抨击，鼓励广大青年冲破三纲五常束缚，争得个性解放和实现民主政治。陈独秀积极宣传马克思主义阶级斗争和无产阶级专政思想，认为："只有被压

---

[1] 陈独秀：《敬告青年》，《青年杂志》第1卷1号，1915年。
[2] 陈独秀：《吾人最后之觉悟》，《青年杂志》第1卷第6号，1916年。

迫的生产的劳动阶级自己造成新的强力，自己站在国家地位，利用政治、法律等机关，把那压迫的资产阶级完全征服，然后才可望将财产私有，工银劳动等制度废去，将过于不平等的经济状况除去。"（《谈政治》）只有被压迫的生产的劳动阶级利用政治、法律等机关，把压迫的资产阶级完全征服，才可望废除财产私有制度，改变不平等的经济状况。

## （二）李大钊的革故鼎新思想与实践

李大钊是中国共产主义运动的先驱，伟大的马克思主义者，杰出的无产阶级革命家，中国共产党的主要创始人之一。李大钊的一生同马克思主义在中国传播的历史紧密相连。1913年，李大钊赴东京早稻田大学就读，开始接触马克思主义。1916年，李大钊受任北京《晨报》编辑，1918年又与陈独秀等共同创办、轮流主编《每周评论》。与此同时，他与《新青年》建立了联系。1920年，李大钊成立马克思主义学说研究会，同年9月成立共产主义小组。

李大钊反对封建专制，积极维护民主制度，他指出："盖民与君不两立，自由与专制不并存；是故君主生则国民死，专制活则自由亡。"[1]李大钊运用历史唯物主义观点，指明近代中国社会出现了新的经济和新的阶级力量，也就出现了与之相符合的新思想与新道德。"可是宇宙进化的大路，只是一个健行不息的长流，只有前进，没有反顾，只有开新，没有复旧。"（《新潮》第2卷1号）李大钊是积极传播马克思主义的第一人。他在《青春》一文中呼吁反对一切专制

---

[1]《李大钊选集》，人民出版社1959年版，第56页。

政治，实行真正的人民民主。他发表的《法俄革命之比较观》最早指出了俄国革命与法国革命性质不同，他发表的《庶民的胜利》《布尔什维主义的胜利》等著作歌颂十月革命的伟大胜利，传播了马克思主义。李大钊在《我的马克思主义观》中系统地阐述了马克思主义的三个组成部分，即唯物史观、政治经济学和阶级斗争学说，主张以俄国为榜样改造中国，为中国广大无产阶级和初步具有共产主义思想的知识分子送来马克思主义这一思想武器。李大钊将马克思主义作为指导国家发展的思想武器，抛弃了资产阶级共和国的方案，热烈向往社会主义俄国，把反封建斗争引向深入，为五四运动和新文化运动作出了重大贡献。

## （三）鲁迅的革故鼎新思想理念

鲁迅是新文化运动的重要参与者，中国现代文学的奠基人之一。1902年，鲁迅前往日本攻读医学，后为拯救愚昧的国民弃医从文，用文字的呐喊来唤醒中国人。1904年，鲁迅加入光复会，受到资产阶级革命派的影响，进一步接触西方资产阶级革命思想。新文化运动兴起后，鲁迅用笔名发表《狂人日记》，还陆续发表了《我之节烈观》《孔乙己》《药》《我们现在怎样做父亲》等文章，批判封建传统观念，为新文化运动奠定基石。

鲁迅认为，要使国家富强，必须改造国民性。他揭露和批判"国民性"弱点，即"奴才"式的"谄"与"专制者"式的"骄"；"瞒和骗"；冷漠，麻木的"看客"心态；阿Q式的精神胜利法，强调必须使国民从封建思想的束缚下解放出来。鲁迅积极宣传进化论，表明自然界和人类都是在不断发展和向前进化的过程中，要以个性解放取代禁锢人们思想的宗教神学和封建传统观念，他指出："是故将生存之间，角逐列国是务，其首在立人，人立而后凡事举；若其道术，乃必尊个性而张精神。"（《文化偏至论》）他以白话文《狂人日记》揭露和批判封建礼教"吃人"的实质，"我翻开历史一查，这历史没有年代，歪歪斜斜的每页上都写着'仁义道德'几个字，我横竖睡不着，仔细看了半夜，才从字缝里看出字来，满本都写着两个字，是'吃人'！"（《狂人日记》）这是对封建礼教的彻底揭露，从根本上否定了封建制度及伦理道德。鲁迅还抨击封建复古主义的"国粹论"，讽刺复古主义者把丑恶腐朽的东西看成是美好的，号召人们与"国粹论"进行斗争，并把这一重担寄托在青年身上。"要扫荡这些食人者，掀掉这筵席，毁坏这厨房，则是现在的青年的使命"。"愿中国青年都摆脱冷气，只是向上走，不必听自暴自弃者流的话。能做事的做事，能发声的发声。有一分热，发一分光，就令萤火一般，也可以在黑暗里发一点光，不必等候炬火。"（《热风·随感录四十一》）

## （四）其他代表人物的革故鼎新思想与实践

作为近代历史上著名的革命家、教育家、政治家，蔡元培开"学术"与"自由"之风，体现出浓郁的革故鼎新思想。自1912年担任南京临时政府和北洋政府的第一任教育总长，蔡元培就倡议废除封建教育制度，实施新教育。他主张实行平民教育来改造国家，打破教育垄断。蔡元培认为教育的目的是"养成共和国民健全之人格"。在《我在教育界的经验》中,他指出:"提出世界观教育,就是哲学的课程,意在兼采周秦诸子,印度哲学及欧洲哲学,以打破两千年来墨守孔学的旧习。"① 反对封建教育思想,主张个人全面发展的民主主义教育思想。蔡元培任北京大学校长期间,倡导"思想自由"和"兼容并包",主张用思想自由打破思想专制,用兼采中外打破孔学独尊,聘请《新青年》主编陈独秀为文科学长,并聘请李大钊、胡适、钱玄同等"新派"人物在北京大学任教,采用"思想自由,兼容并包"的办学方针,实行"教授治校"的制度,提倡学术民主,支持新文化运动。1919 年,蔡元培在北京大学废除科,改原隶属于科的学门为系,设立 14 个系,废学长,设系主任。原来的文、理、法三科分别改称第一、二、三院,仅作为各系所在地区的标志(因原来三科分布在不同地区),不代表一级机构。1920 年初,蔡元培与李石曾、吴敬恒,利用庚子赔款,创办中法大学于北京,蔡元培任校长。1920 年 2 月,蔡元培下令允许王兰、奚浈、查晓园 3 位女生入北大文科旁听,当年秋季起即正式招收女生,开中国公立大学招收女生之先例。

胡适以大力倡导白话文、主张文学革命闻名于世。他极力提倡实用主义哲学,宣扬个性解放、思想自由,与陈独秀同为新文化运动领袖。在 1917 年发表于《新青年》杂志上的《文学改良刍议》一文中,胡适比较系统地提出文学改革的具体主张,即须言之有物,不摹仿古人,须讲究文法,不作无病呻吟,务去滥调套语,不用典,不讲对仗,不辟俗字俗语。胡适反对古文学,指出:"我们所提倡的

---

① 高平叔:《蔡元培教育论著选》,人民教育出版社 2017 年版,第 740 页。

# 第一章
## 革故鼎新的内涵诠释与思想流变

文学革命，只是要替中国创造一种国语的文学。有了国语的文学，方才可有文学的国语。有了文学的国语，我们的国语才可算得真正国语。"(《建设的文学革命论》)这打破了旧文学的束缚，解放了人们的思想，客观上起到了一定的启蒙作用。胡适反对封建礼教对妇女的迫害，提倡妇女解放，对女子教育问题、参政问题以及继承权问题的见解具有进步意义。在反对封建伦理道德的同时，胡适极力鼓吹资产阶级的自由平等与个性解放，在当时的历史条件下具有反封建的意义。

吴虞猛烈批判封建宗法道德和家族制度，揭露其"吃人"的实质，"到了如今，我们应该觉悟，我们不是为君主而生的，不是为圣贤而生的，也不是为纲常礼教而生的……我们应该明白了，吃人的就是讲礼教的，讲礼教的就是吃人的呀！"(《吴虞文录·吃人的礼教》)他进一步揭露儒家、君主专制制度与家族制度三位一体的关系，认为忠君是孝亲的延长和扩大。"君主既掌握政教之权，复兼家长之责，作之君，作之师，且作民父母，于是家族制度与君主政体遂相依附而不可离。儒教徒之推崇君主，直驾父母而上之，故儒教最为君主所凭藉而利用，此余所谓政治改革，而儒教家族制度不改革，则尚余此二大部专制，安能得真共和也？"(《吴虞文录·读荀子书后》)吴虞向往资产阶级的自由平等，反对封建的尊卑贵贱的等级制度，抨击封建专制束缚人身自由，文化专制扼杀中国人的灵魂，是社会进步的障碍。吴虞对封建专制政治的批判和对孔教儒学的抨击，具有反封建的进步意义。

# 第二章

## 马克思主义理论与革故鼎新的契合性

# 第二章
## 马克思主义理论与革故鼎新的契合性

2021年7月1日,习近平总书记在庆祝中国共产党成立100周年大会上提出"把马克思主义基本原理同中国具体实际相结合、同中华优秀传统文化相结合"的重大命题,为我们在新时代坚持和发展马克思主义,推动中华优秀传统文化创造性转化、创新性发展提供了理论遵循和行动指南。2023年6月2日,习近平总书记在文化传承发展座谈会上指出:"'结合'的前提是彼此契合。'结合'不是硬凑在一起的。马克思主义和中华优秀传统文化来源不同,但彼此存在高度的契合性。"①马克思主义与中国优秀传统文化虽然产生于迥异的时代背景、社会环境,但存在着诸多的相近、相通与契合之处。这种彼此的融通性、契合性,成为近代中国先进知识分子自觉选择、认同与传播马克思主义的重要思想前提和文化基础,为马克思主义在中国开花、结果提供了丰厚的文化沃土,也为实现"第二个结合"提供了重要的生长空间和契合基点。

革故鼎新是中国古代先哲圣贤深邃智慧的深刻凝结,是中华优秀传统文化的重要结晶,其背后蕴含的哲学内核、政治理念、文化精神与马克思主义具有高度的相通性和契合性。从世界观层面看,革故鼎新所蕴含的中国传统通变哲学与马克思主义唯物辩证法相近相通;从历史观层面看,革故鼎新所主张的社会变革理论与马克思主义革命思想异质同趣;从文化精神层面看,革故鼎新所传递出的

---

① 习近平:《在文化传承发展座谈会上的讲话》,《求是》2023年第17期。

批判性、人民性和发展性特质与马克思主义共融共通。充分把握马克思主义与革故鼎新传统文化思想的内在契合性，有利于革故鼎新文化基因和精神命脉的当代传承，为中华民族与时俱进、开拓创新提供宝贵的思想资源和不竭的文化动力。

## 第一节　马克思主义唯物辩证法与革故鼎新的哲学内核相契合

"哲学是文化最精致的内核，是文化精神最集中、最突出、最自觉的表现。"[①] 马克思主义和革故鼎新相契合的深层次原因在于两者哲学基础上的共融共通。在恩格斯看来，辩证法是"是关于自然界、人类社会和思维的运动和发展的普遍规律的科学"[②]。同样，中国传统哲学一直以来将变化和发展作为宇宙运行的基本规律，具有宏广博大、精深邃密的辩证思想。革故鼎新是中国传统变易发展观的产物，其中所蕴含的关于运动的观点、关于发展的观点、关于矛盾的观点都与马克思主义唯物辩证法不谋而合。

---

① 余品华：《马克思主义中国化启示录：两次历史性飞跃的途径、经验及其他》，中国社会科学出版社2012年版，第451页。
② 《马克思恩格斯选集》第3卷，人民出版社2012年版，第520页。

## 一、关于变化的观点:"运动是绝对的"与"变化不居"

唯物辩证法认为,运动是物质的存在方式,是物质的固有属性。恩格斯指出:"整个自然界,从最小的东西到最大的东西,从沙粒到太阳,从原生生物到人,都处于永恒的产生和消逝中,处于不断的流动中,处于不息的运动和变化中。"① 物质世界的一切都在运动,不存在绝对静止的东西。无论是宇宙运动、宏观运动抑或是微观运动,都具有绝对性、普遍性、永恒性。正如毛泽东所说:"人的认识物质,就是认识物质的运动形式,因为除了运动的物质以外,世界上什么也没有。"② 同时,承认绝对运动并不意味着否认相对静止。毛泽东指出:"世界上就是这样一个辩证法:又动又不动。净是不动没有,净是动也没有。动是绝对的,静是暂时的,有条件的。"③ 物质世界是绝对运动和相对静止的辩证统一。

中国古代自先秦以来就有丰富的关于变易、变化的哲学思想,成为革故鼎新生成和发展的哲学内核。作为中华文化元典的《易经》,就是一部关于"变"的哲学。它深刻揭示了宇宙万物运动、变化、发展的特点和规律,是中国通变哲学的重要思想源泉。《周易》以"生生之谓易""易与天地准",揭示了宇宙万物是一个持续演化、生生不息的过程。万物大化流行、创生不已,展现出持续不断的变

---

① 《马克思恩格斯选集》第 3 卷,人民出版社 2012 年版,第 856 页。
② 《毛泽东选集》第 1 卷,人民出版社 1991 年版,第 308 页。
③ 《马列著作毛泽东著作选读(哲学部分)》,人民出版社 1978 年版,第 429 页。

化与更新。《周易·系辞下》有云"为道也屡迁,变动不居,周流六虚,上下无常,刚柔相易,不可为典要,唯变所适。"即是说,《周易》所讲的原则是变化的、经常移动和变动而不停留的,爻周流于六位,上下没有固态。刚柔亦能互化,不可拘泥于固定的法则与典要,唯有变才是适应时势的要义。以易卦的原则肯定了事物变化的绝对性、普遍性。《庄子·秋水》曰"物之生也,若骤若驰,无动而不变,无时而不移。"意谓万物的生成与发展,像是在迅速地奔流、骤变,没有静止不动的时刻,也没有永恒不变的状态,反映了自然无常、变化和流动的特性。中国古代的变易发展观,还深入探讨"动"与"静","变"与"常"的辩证关系,揭示了事物既有变化、发展的一面,又有相对恒定、稳定的一面。王夫之指出"动静互涵,以为万变之宗"(《周易外传·震》),"方动即静,方静旋动,静即含动,动不舍静","静者静动,非不动也"(《思问录·外篇》)。即是说,动中有静,静中有动,动是绝对的,静是动的特殊形态,是相对的,动与静的相互关系构成了天地万物变化的根本。由此,他认为要"通其变,而不滞其常"(《黄书》),即在认知事物通达变化的同时不忽略其内在稳定性和规律性,深刻把握"动"与"静"相辅相成、相互渗透的辩证关系。

  运动在形态上具有量变和质变两种形式。恩格斯在《自然辩证法》中指出:"运动的不灭性不能仅仅从量上,而且还必须从质上去理解。"[①]在事物发展变化的过程中,数量的积累达到一定阶段和程度时,就会发生质变,即系统的性质、结构、状态等发生根本性的改

---

[①]《马克思恩格斯选集》第3卷,人民出版社2012年版,第862页。

变，即马克思所说的"单纯的量的变化到一定点时就转变为质的区别。"①质变之后，新的系统状态可能经历一段时间的相对稳定，但又会继续发生一系列的量变，从而推动事物的不断发展。中国古代哲学，也以"微"与"著"，"渐"与"化"等的辩证关系，揭示了事物运动变化的两种形态，包含着量变与质变规律的思想萌芽。如韩非子的"有形之类，大必起于小；行久之物，族必起于少"（《韩非子·喻老》）、荀子的"积微者著"说、北宋张载的"化""变"两形式说、南宋朱熹"变者化之渐，化者变之成"（《朱子语类》）的"渐化""顿变"论，都深刻反映了中国古代辩证思想对事物运动变化的深刻理解，闪烁着天才的思想光芒。这种承认世界"变化不居""运动不止"的宇宙观，以及对物质运动规律的认识，构成中华优秀传统文化中创生创新、革故鼎新思想孕育和发展的哲学基础。

## 二、关于发展的观点："发展是前进上升的运动"与"日新之谓盛德"

马克思主义关于发展的观点揭示了事物运动的方向和趋势。发展是前进的、上升的运动，是事物由简单到复杂、由低级到高级的逐步演进。恩格斯在《路德维希·费尔巴哈和德国古典哲学的终结》中指出："在自然界和历史中所显露出来的辩证的发展，即经过一切迂回曲折和暂时退步而由低级到高级的前进运动的因果联系。"②也

---

① 《马克思恩格斯选集》第3卷，人民出版社2012年版，第503页。
② 《马克思恩格斯选集》第4卷，人民出版社2012年版，第249页。

就是说，发展是一切事物运动的总趋势。尽管发展的过程中可能充满曲折、迁移和暂时的退步，但仍能够不断地向着更为复杂、高级的状态前进。这种发展的无限性、普遍性和不可抗拒性，使得任何事物都不会停留于某个固定的状态或水平，任何事物都有其产生、发展和灭亡的必然过程。正如恩格斯强调的："在发展进程中，以前一切现实的东西都会成为不现实的，都会丧失自己的必然性、自己存在的权利、自己的合理性；一种新的、富有生命力的现实的东西就会代替正在衰亡的现实的东西。"[①] 发展的实质是新陈代谢，即新事物的产生，旧事物的灭亡，新事物取代旧事物的过程。新生事物因为符合事物发展规律，代表历史前进方向，因而是强大的，富有生命力和无可战胜的。

中华民族历来将创生创新作为宇宙运行的最高德性，强调"变化日新""日新之化"，赞颂天地化育之道，充分肯定创新和发展的价值。革故鼎新、除旧布新思想正是这种思想的充分彰显。《周易》有云："天地之大德曰生。"意谓天地之间最大的道德就是"生"，即产生、创造，是新事物的持续发展和不断变化，生生不息体现了宇宙万物大化流行、创生不已的道理。《周易·系辞下》曰："富有之谓大业，日新之谓盛德。"即是说，广大悉备，万事富有，叫作宏大伟业；日日增新，不断更善，叫作盛美德行，体现了通过不断创新和发展来实现伟大事业和社会进步的思想。北宋思想家张载对此阐释道："富有，广大不御之盛与！日新，悠久无疆之道与！富有者，大而无外也；日新者，久而无穷也。"（《横渠易说·系辞上》）意思

---

① 《马克思恩格斯选集》第 4 卷，人民出版社 2012 年版，第 222 页。

## 第二章 马克思主义理论与革故鼎新的契合性

是说,"富有"是大而无外的境界,"日新"是悠久而无疆的道路,是久而无穷的发展方向,凸显了"日新"的永续性和长存性。元代学者胡炳文在《周易本义通释》中指出:"日新者,无时不然,而无一息之间断,藏而愈有,则显而愈新。"这表明,"日新"是持续不断的,事物在不断积累和隐藏的过程中,仍具有不断进化、发展的本质。儒家思想一直秉持"能尽人之性,则能尽物之性;能尽物之性,则可以赞天地之化育;可以赞天地之化育,则可以与天地参矣"(《中庸》)的理念,将人之德与宇宙生德混而言之,充分接纳与褒扬宇宙万物创生不已,日日更新的德行与秉性。由此可见,在先秦以来的各家思想中,宇宙万物的变化发展既不是负性的,也不是中性的,"而是具有肯定意义和正面价值的,并且具有一种情感性的色调和性质"[1],这成为中华民族自古以来参赞化育、包纳创新的哲学基础与情感底色,熔铸了中华民族革故鼎新、除旧布新的情感取向和思想脉络。

明末清初杰出思想家王夫之继承和发展了《周易》中"日新之谓盛德"的思想,进一步揭示了事物发展的过程和趋势。他在《思问录·外篇》中指出:"守其故物而不能日新,虽其未消,亦槁而死。不能待其消之已尽而已死,则未消者槁。"意思是固守旧事物而不积极拥抱新事物,即使旧事物尚未完全丧失,也是几近死去,倘若旧事物还没有完全消逝,那么未消逝的部分也将变得枯朽无光,阐明了新事物本质上优于旧事物,并最终代替旧事物的发展规律。

---

[1] 李泽厚:《华夏美学·美学四讲(增订本)》,生活·读书·新知三联书店2008年版,第73页。

由此，他提出"天地之德不易，而天地之化日新"（《思问录·外篇》）的思想，即天地的本性不改，则天地的变化日新，将新陈代谢看作自然界和人类社会发展的普遍法则。如果说，先秦哲人的"日新之谓盛德"思想，还是在普泛意义上提出对宇宙衍化发展的肯定，那王夫之的"日新之化"思想则将事物发展过程和趋势阐发得更为明澈，更加接近马克思主义唯物辩证法关于发展的观点。总之，"日新"是中国古代哲学思想中一个极富进步意义的观念，体现了古代先哲对事物发展趋向的把握以及对社会发展和人类进步的体察。它成为革故鼎新、除旧布新思想的世界观基础，与马克思主义发展观具有内在的趋近性。

## 三、关于矛盾的观点："对立统一"与"新故相除"

马克思主义唯物辩证法和革故鼎新在哲学基础上的相契合，不仅表现在二者基本观点上的相近，更表现为二者辩证思维的高度互通。对立统一规律是唯物辩证法的实质和核心，是客观世界的普遍规律。毛泽东在《矛盾论》中指出："事物的矛盾法则，即对立统一的法则,是唯物辩证法的最根本的法则。"[1] 对立统一规律揭示了事物普遍联系、变化发展的根本原因，是贯穿于唯物辩证法基本范畴的中心线索。列宁在《谈谈辩证法问题》中指出"自然界的（也包括精神的和社会的）一切现象和过程具有矛盾着的、相互排斥的、对

---

[1]《毛泽东选集》第1卷，人民出版社1991年版，第299页。

## 第二章
### 马克思主义理论与革故鼎新的契合性

立的倾向"①,即任何事物或过程都是矛盾着的对立面的统一体,这些对立面相互作用、相互斗争、相互依存并在一定条件下相互转化。马克思主义关于矛盾的观点与中国古代哲学讲"二分"的思维方式高度相通。中国传统哲学认为,万事万物皆有所对。最典型如《周易》中的"一阴一阳谓之道",以阴阳二分作为宇宙的公理。除此以外,中国古代哲学常用"对""两""二"等来表述矛盾,如张载的"不有两则无一"、王安石的"道立于两"、程颐的"天地之间皆有对",王夫之的"分一为二"等,都较早触及了辩证法的核心与实质——对立统一规律。

对立统一是事物变化发展的动力和源泉。马克思在《哲学的贫困》中指出:"两个相互矛盾方面的共存、斗争以及融合成一个新范畴,就是辩证运动。"②也就是说,事物的运动发展是通过对立面的相互作用而推动的。矛盾双方既相互斗争、相互排斥,又相互依存、相互联系,这种对立与统一的辩证关系,引起事物的变化发展,构成事物发展的动力和源泉。中国传统哲学向来强调变化是在对立中产生的。《周易·系辞上》说:"刚柔相推,而生变化。"刚柔,即阴阳,即对立双方,它们相辅相成、相互作用,构成了世间万物的变化。又说"一阖一辟谓之变,往来不穷谓之通",以宇宙之门一闭一开,天地之物一进一出地循环往复来解释变化。这些关于变化、通达的哲学思想,虽然带有古代朴素唯物主义的神秘性和经验性,但却天才地触及矛盾是运动固有本质的辩证原理,深刻影响后世对运

---

① 《列宁全集》第55卷,人民出版社1990年版,第306页。
② 《马克思恩格斯选集》第一卷,人民出版社2012年版,第225页。

动变化的理解。王安石指出："一柔一刚，一晦一明，故有正有邪，有美有恶，有丑有好，有凶有吉，性命之理，道德之意，皆在是矣。耦之中又有耦焉，而万物之变遂至于无穷。"（《洪范传》）意思是说，万事万物的生成和发展皆由"对耦"（对立统一）相推而出，而对立统一中还有更深层次的对立统一，导致更为复杂的结构层次和无穷无尽的变化样态。王夫之指出"天下之变万，而要归于两端"（《老子衍》），"二端既肇，摩之荡之而变化无穷"（《张子正蒙注·太和篇》）。也就是说，尽管世界变化万千，但最终归结为两个根本的原则、力量或方向，即矛盾的对立双方，而这两者相互摩擦、碰撞，成为世间变化无穷无尽的根源。这些哲学思想都基本认识到矛盾是事物运动的根本原因，对立面的相互作用构成事物运动的固有本质，揭示了革故鼎新、新旧之替的实质内容和根本原因。

革故鼎新中的"新"与"旧"就是一对矛盾。《易经》指出"进退者，变化之象也。"（《周易·系辞上》）也就是说，旧的退场，新的入场，就是事物的变化。王安石继承《易经》中关于事物新旧更替的观点，并力图用矛盾的观点予以阐释，提出"新故相除"的命题，比较充分地阐释"新"与"故"的对立统一规律。作为北宋杰出的改革家，王安石修正了董仲舒关于"天不变，道亦不变"的形而上学不变论，提出"尚变者，天道也"（《临川先生文集》），强调世间万物包括人类社会都在不断变化，必须崇尚变化，顺应变化。王安石提出："有阴有阳，新故相除者，天也。有处有辨，新故相除者，人也。"（《字说》）除，去除。处，处置。辨，分辨。意思是说，自然界存在着的阴和阳的对立关系，推动着事物的变化和发展。在

## 第二章
### 马克思主义理论与革故鼎新的契合性

这对矛盾的推动下,旧事物会不断被新事物取代,新事物又会逐渐转为旧事物并被更新的事物取代。同样,人类社会存在着行动和认识两类活动,也存在着新事物与旧事物的更替与改变,这构成人类社会的基本法则。在这里,王安石以阴阳、新旧之间的矛盾关系,揭示了自然界和人类社会新旧更替、新陈代谢的规律。

毛泽东在《矛盾论》中指出:"任何事物的内部都有其新旧两个方面的矛盾,形成一系列的曲折的斗争。斗争的结果,新的方面由小变大,上升为支配的东西;旧的方面则由大变小,变成逐步归于灭亡的东西。而一当新的方面对于旧的方面取得支配地位的时候,旧事物的性质就变化为新事物的性质。"[1]正是这种新与旧的对立斗争推动着事物的前进,构成事物发展新陈代谢的普遍规律。李大钊在《新旧思潮之激战》一文中指出:"宇宙的进化,全仗新旧二种思潮,互相挽进,互相推演,方佛像两个轮子运着一辆车一样;又像一个鸟仗着两翼,向天空飞翔一般。我确信这两种思潮,都是人群进化必要的,缺一不可。"[2]这种把宇宙进化归于新旧两种思潮相互作用的思想,既有对中国传统辩证法的整合与吸纳,也有对马克思主义矛盾观的转化与融合。

革故鼎新就是除"旧"取"新",即不断地创新、创造、更新。它体现了对事物内部旧的、不符合时代发展的方面的辩证否定,即"扬弃",是事物自身矛盾运动的结果。列宁指出:"辩证法的特征的和本质的东西不是单纯的否定,不是徒然的否定,不是怀疑的否

---

[1]《毛泽东选集》第1卷,人民出版社1991年版,第323页。
[2]《李大钊文集》第2卷,人民出版社1999年版,第295页。

定……而是作为联系环节、作为发展环节的否定，它保持着肯定的东西，即没有任何动摇、没有任何折中。"①革故鼎新就是在否定事物自身内部消极因素的同时，保留与接纳新的、符合事物发展方向的积极因素，这种辩证否定构成了事物联系和发展的基本环节。在革故鼎新的过程中，新事物战胜旧事物，完成了由肯定转为否定的环节。随着矛盾作用的推动，事物否定的方面又逐渐占主导地位，走向否定之否定，从而不断推动事物朝着更高层次发展，成为事物发展更新的内在机制。事物正是在革故鼎新的过程中，不断实现螺旋式上升或波浪式前进的发展。

总之，世界观和方法论的相通是两种异质思想能够产生契合的根本原因。中国古代哲学具有丰富精深的变易发展观念和辩证思维方法，成为马克思主义与革故鼎新在内在思维上相契合的深层原因。这种天然的契合性在马克思主义刚传入中国的原初语境中表现得尤为明显。有论者指出，马克思主义哲学刚传入中国时，中国先进知识分子将其作为一种"互系哲学"，在"通变"的语境和框架下，以"互系"的思维和方法，去理解和接受辩证唯物主义。②如瞿秋白将马克思的"辩证法"译作"互辩法"或"互变律"，指出"互辩法的考察一切现象，第一要看现象之间的不断的联系，第二看他们的动象"③，实际上就带有浓厚的《易经》中"通变""见天下之动，而观其会通"

---

① 《列宁全集》第55卷，人民出版社2017年版，第195页。
② [美]田辰山：《中国辩证法：从〈易经〉到马克思主义》，萧延中译，中国人民大学出版社2008年版，第87—88页。
③ 《瞿秋白文集：政治理论编》第2卷，人民出版社2013年版，第442页。

等思想的影子。这充分说明了中国传统文化中的辩证思想与马克思主义哲学的内在契合性。这种契合成为中国知识分子选择、认同、和传播马克思主义的特有的逻辑结构和文化心理，塑造了中华民族崇尚变易、革故鼎新、与时俱进的精神基因。但同时需要指出的是，中国传统通变哲学和思维模式由于历史和阶级制约，不可避免地具有一定局限性。比如《周易》中的变易思想是基于阴阳大化逻辑演绎的结果，并多以卜卦的形式呈现，具有朴素性、直观经验性与主观臆测性，特别是"把客观事物的辩证法说成是卦爻变化的辩证法，具有神秘性"①，因而带有一定的形而上学色彩。但尽管如此，孕生于中国古代通变哲学的革故鼎新思想，也难掩其辩证哲学的思想光芒，体现了古代先哲的深邃智慧，具有深刻的进步意义。

## 第二节  马克思主义革命思想与革故鼎新的政治理念相契合

"中华民族将天地运化流行的创生法则推及社会和人生领域，把革故鼎新确立为社会与人生运行发展的基本规则。"②在社会历史观层面，革故鼎新主张"量时制变"，提倡根据形势和时代发展适时变革，成为历朝历代社会发展的内在动力；在个体层面，革故鼎新强

---

① 方立天：《中国古代哲学》（上），中国人民大学出版社2012年版，第141页。
② 李安增：《马克思主义与中国传统文化研究》，齐鲁书社2020年版，第17页。

调"日新其德",主张个体的不断进步和自我完善,成为中华民族向善向上的精神基因。这种政治理念与马克思主义的革命思想高度契合。马克思主义是指导无产阶级革命斗争的学说,是指引无产阶级进行社会革命与自我革命的行动指南。中国共产党的百年征程,既是一部波澜壮阔的社会革命史,又是一部激扬浊清的自我革命史。从本质上来说,革故鼎新承载着中国共产党勇于打破旧世界建立新世界的文化基因,成为中国共产党永不僵化、永不停滞,不断战胜艰难险阻、取得举世瞩目辉煌成就的精神支撑。

## 一、马克思主义社会革命思想与革故鼎新的契合性

在马克思主义语境中,无产阶级的"革命"主要指"社会革命"。从广义来看,社会革命是指包括上层建筑的调整、经济基础的变动,并以实现人的自由而全面的发展为最终指向的全面变革。从狭义来看,社会革命主要是指社会形态的更替,是指新的社会形态取代旧的社会形态。马克思主义的社会革命思想以唯物史观的创立为基础,以社会基本矛盾运动规律为分析框架,科学论证了社会革命的历史必然性和客观规律性,是指导无产阶级革命的重要思想武器。革故鼎新以中国传统的变易进化史观为基础,承认社会历史发展的客观规律和嬗递进程,主张因时而变、与时俱进。马克思主义社会革命思想与革故鼎新虽然产生于迥异的社会时代背景,但在主张时代进步、尊重历史规律、强调社会变革的思想内核上,具有高度的相通性。

## 第二章
马克思主义理论与革故鼎新的契合性

### （一）主张时代进步

唯物史观认为，社会历史是一个不断向上进化、发展的过程。社会发展的方向是朝着更高级的形态和更先进的生产关系迈进的。从原始社会、奴隶社会、封建社会到资产阶级社会再进入共产主义社会，人类社会历史的发展实际上是不断超越旧有社会形态的过程。即使是被猛烈抨击的资产阶级社会，马克思、恩格斯也充分肯定了其相对于封建社会，在高扬人的主体理性、发展生产力上的巨大进步。马克思、恩格斯在《共产党宣言》中指出，资产阶级"第一个证明了，人的活动能够取得什么样的成就。它创造了完全不同于埃及金字塔、罗马水道和哥特式教堂的奇迹；它完成了完全不同于民族大迁徙和十字军征讨的远征……，比过去一切世代创造的全部生产力还要多，还要大"。[①]

同样地，承认历史发展，主张社会进步，是革故鼎新的思想前提。在社会历史领域，革故鼎新以中国传统的变易进化历史观为基础。不同于以老子、邵雍为代表的主张崇古守旧的历史倒退论，也不同于认为历史是按兴衰或特定次序循环的历史循环论[②]，中国古代唯物主义哲学家大多持变易进化的历史观。这种历史观看到了社会发展的总趋势是进步和发展的，鲜明反对颂古非今，复古守旧的观念，成为中国社会"维新""求新"的思想基础与精神动力。

商鞅将以往历史分为"上世""中世""下世"三个阶段，认

---

[①]《马克思恩格斯选集》第 1 卷，人民出版社 2012 年版，第 403、405 页。
[②] 如孟子提出"一治一乱"、邹衍的"五德始终"思想、董仲舒的"三统三正"说、陈亮的"气数"论等。

为"上世亲亲而爱私,中世上贤而说仁,下世贵贵而尊官"(《商君书·开塞》),以朴素的形式总结了古代社会历史的变化和发展。韩非子继承商鞅的三世说,将历史划分为"上古""中古""近古",认为当今时代比古代更为进步,是建立在上古时代逐渐摆脱虫蛇之乱、中古时代治理水患、近古时代平定"桀纣暴乱"并建立较合理的社会秩序的基础之上的。他提出"是以圣人不期修古,不法常行,论世之事,因为之备"(《韩非子·五蠹》),反对美化远古,过分依赖或模仿古代的方式和制度的做法。至秦汉以后,肯定今胜于昔,历史不断进步的进化史观得到进一步深化。东汉唯物主义哲学家王充认为"汉高于周",指出无论是物质文明还是精神文明,"下世"都远超"上世"(《论衡·齐世》)。宋代王安石直言:"曰归之太古,非愚则诬!"(《临川先生文集》)认为如果追求太古之道,就等于离开了文明和文化的发展,回归到禽兽的状态,对时代的进步和文明的提升不能产生任何积极的影响。这种反对颂古非今,主张时代进步的社会历史观,为历朝历代的革故鼎新提供了重要思想前提。

## (二)尊重历史规律

与以往的唯心主义历史观不同,马克思主义的唯物史观强调从社会物质资料生产出发来理解社会历史,明确社会历史发展的决定性因素归根到底是物质生活资料的生产。马克思、恩格斯在《德意志意识形态》中指出:"一切历史冲突都根源于生产力和交往形式之间的矛盾。"[①] 生产力包括生产手段和劳动力,是人们在一定社会制度

---

① 《马克思恩格斯选集》第 1 卷,人民出版社 2012 年版,第 196 页。

## 第二章
马克思主义理论与革故鼎新的契合性

和技术条件下所能创造的全部物质财富。生产力的发展情况决定着生产关系，即人们在生产和资源分配中建立的社会关系和制度。在马克思、恩格斯看来，生产力是决定整个社会面貌和社会发展最根本的因素，生产力与生产关系的矛盾运动构成人类社会一切发展和冲突的根源。包括政治制度、法律体系、道德观念和文化形态等在内的上层建筑，都是由生产力和生产关系构成的经济基础决定的，受物质资料生成方式支配。

通过阐释生产力和生产关系之间的辩证关系，马克思揭示了社会历史发展的内在机制，指明了社会革命的动力和原因。马克思在《〈政治经济学批判〉序言》中指出："社会的物质生产力发展到一定阶段，便同它们一直在其中运动的现存生产关系或财产关系（这只是生产关系的法律用语）发生矛盾。于是这些关系便由生产力的发展形势变成生产力的桎梏。那时社会革命的时代就到来了。随着经济基础的变更，全部庞大的上层建筑也或慢或快地发生变革。"[①] 社会革命是在旧社会的母体中孕育产生的，是由生产力和生产关系的矛盾运动推动的。当旧的生产方式、社会结构和阶级关系等不再适应社会的发展时，就需要通过社会革命根本变革旧的经济基础和上层建筑，以推动整个社会朝着新的方向发展。这样一来，整个人类社会历史发展就是一个具有客观规律的，不以人的意志为转移的自然历史过程。

同样，尊重社会规律，主张因时制变，是革故鼎新的内在要求。《周易》作为中国古代哲学"群经之首"，基于对"变"的认识，主

---

[①]《马克思恩格斯选集》第 2 卷，人民出版社 2012 年版，第 2—3 页。

张变革是自然界和社会共同的普遍规律。《周易·革卦·彖传》说："天地革而四时成,汤武革命,顺乎天而应乎人,革之时,大矣哉。"革,变革。意思是说,天地适时变革而形成四季更迭,商革夏桀、武王伐纣,是顺天应人,符合天命与人民期望的,应时变革,方能成就大业。虽然这里的"革命"与马克思所主张的社会革命在目标和内容上都具有本质的差别,但在提倡尊重历史发展规律,主张变革以适应时代发展的内在旨趣上,是共融共通的。社会历史的发展具有不以人的意志为转移的客观规律性。柳宗元在《封建论》中指出,历史发展"非圣人意也,势也",即社会历史发展具有内在的客观必然性。他用分封制向郡县制的演进说明了历史发展之"势"与圣人之"意"之间的矛盾,认为秦始皇行郡县只是"私其一己之威也",而"公天下"之势作为历史发展的必然趋势最终会实现。同时,他认为这种必然趋势并不是受"天意"和"神命"支配,而是"受命于生人之意"(《贞符》),即人们生存的意愿和要求。这种观点从人们生存的客观物质条件出发,看到了人类社会历史发展不以人的意志为转移的客观因素,具有历史唯物主义的合理因素,是十分进步的。和柳宗元一样,王廷相也认为郡县制取代分封制是"势也,非秦也(《慎言·保傅篇》)",并且强调历史发展的任何阶段皆有其"势"。他提出"法久必弊,弊必变,变所以救弊也"(《慎言·御民篇》)的思想,反对泥古不化,主张适时应变。淮南王刘安也主张"法与时变"的思想,提出"法与时变,礼与俗化。衣服器械,各便其用。法度制令,各因其宜"(《淮南子·氾论训》),强调"故圣人论世而立法,随时而举事"(《淮南子·齐俗训》)。也就是说,法度、

## 第二章 马克思主义理论与革故鼎新的契合性

礼仪、制度等的实际运用都要因时制宜，尊重历史发展潮流，顺应客观规律，根据不同的时代和具体情况来灵活地进行变通和调整。

对于时代发展变迁的原因，荀子提出"欲多物寡"的思想，从人类生存和发展的需要与社会物质资料生产之间的矛盾，揭示时代动乱的根源。韩非子也以人口增长与物质生活资料增长的不匹配，来解释不同社会历史时期的纷争与变革，认为"是以人民众而货财寡，事力劳而供养薄，故民争"（《韩非子·五蠹》）。这些观点虽然达不到唯物史观的理论高度和科学程度，但对物质生活决定社会发展的观点产生一定朴素认知，具有进步意义。《淮南子》还提出"夫民有余即让，不足则争。让则礼义生，争则暴乱起"（《淮南子·齐俗训》）的命题，实际上已经从经济的角度去分析社会道德的起源，具有唯物史观的科学因素，无疑是值得肯定的。

### （三）强调社会革命

"革命是历史的火车头。"[①] 马克思主义唯物史观认为，社会革命对社会历史发展具有巨大的推动作用。现代社会在资本主义生产方式主导下，呈现出全面异化和总体压迫的特征。只有通过无产阶级社会革命根本变革社会制度之后，才能够彻底摆脱资本主义时代的种种不平等和剥削，实现人的自由而全面的发展。无产阶级领导和推动的社会革命，是实现人自由而全面发展的前置性条件和必由之路。从内容上看，社会革命不仅是政治变革，更是以解放生产力为实质内容的，包括文化、思想和经济结构等在内的全面转变。社会

---

① 《马克思恩格斯选集》第 1 卷，人民出版社 2012 年版，第 527 页。

## 读懂革故鼎新

革命从根本上说，就是要革除一切不符合时代发展潮流的，不适应物质生产发展的一切消极的落后的因素，从而推动新社会的建立和发展。对此，马克思深情展望道："只有在伟大的社会革命支配了资产阶级时代的成果，支配了世界市场和现代生产力，并且使这一切都服从于最先进的民族的共同监督的时候，人类的进步才会不再像可怕的异教神怪那样，只有用被杀害者的头颅做酒杯才能喝下甜美的酒浆。"①

虽然中国古代变易进化史观并没有预见到无产阶级社会革命的伟大前景，但是在基本理念上，已经形成审时度势、积极变革的思想，成为革故鼎新的实践要求。《周易·系辞下》指出"易穷则变，变则通，通则久"，认为只有把握时代发展潮流，应时而变，才能长久不衰，这是历史和时代发展的辩证法。韩非子在《五蠹》中，通过分析古代圣贤有巢氏、燧人氏、鲧、禹、汤、武等的作为，殷切表达了对时代变革和革新变法的期许。他指出"是以圣人不期修古，不法常可，论世之事，因为之备"（《韩非子·五蠹》），认为真正杰出的人是能够把握历史发展规律，在时代变革中崭露头角，为社会带来积极变革的人。《吕氏春秋》有云："世易时移，变法宜矣""因时变法者，贤主也"（《吕氏春秋·察今》），强调真正贤能的人能够洞察时势，进行变革。《淮南子》认为："贤不足以为治，而势可以易俗明矣。"（《淮南子·主术训》）也就是说，在实际统治中，单纯的贤能并不足以构建有效的治理体系，而更关键的在于对时势的理解与应对。他强调"事周于世，则功成；务合于时，则名立"（《淮

---

① 《马克思恩格斯选集》第 1 卷，人民出版社 2012 年版，第 862—863 页。

南子·齐俗训》),认为只有顺应时局,符合时代的潮流和需要,才能取得实际的成就和功名。南宋思想家叶适指出"夫势者,天下之至神也"(《叶适集·治势上》),强调人们只要认识和把握了历史发展的客观趋势,就能够在历史舞台上有所作为。正是这种强调洞察时势、鼓励变革的思想,成为中华民族革故鼎新的实践指引和精神动能。在近代中国混乱的时局中,这种对把握历史发展规律的深切渴求,进一步转化为近代中国人民探求真理的内在动力,推动中国近代先进知识分子在不断探求和反复比较中,最终找到并选择了马克思主义。

## 二、马克思主义自我革命思想与革故鼎新的契合性

马克思主义革命理论不仅强调进行社会革命以改造客观世界,也强调进行自我革命以改造主观世界。中国传统儒家文化秉持"为政以德""政者正也"的治理理念,十分注重理想人格的培养和个人品行的提高,要求个体在自身层面"革故鼎新""日新其德"。马克思主义自我革命思想与革故鼎新在基本的理念和精神上,都强调个体的向善向上,通过自我"扬弃"不断实现更新和完善,具有内在的相通性。

### (一)以向善向上为内在动力

习近平总书记指出:"勇于自我革命,是我们党最鲜明的品格,

也是我们党最大的优势。"① 党在自我革命中，不仅是被动的客体性对象，更是主动变革、主动引领和主动超越的自觉性、主体性力量。这种力量的发挥，不是对外界被动"调适"的结果，而是根源于主体向善向上的内在动力。马克思主义政党本身就具有向善向上的情怀本能，② 既源于马克思主义政党始终代表人民的价值自觉，也源于马克思主义政党领导社会革命的使命自觉。

习近平总书记指出："我们党之所以有自我革命的勇气，是因为我们党除了国家、民族、人民的利益，没有任何自己的特殊利益。"③ 这种始终代表最广大人民的根本利益的价值立场，是中国共产党敢于打破一切利益集团、权势团体、特权阶层利益，不断向善向上的最大底气和动力源泉。同时，中国共产党始终坚守为中国人民谋幸福，为中华民族谋复兴的初心使命，以及实现共产主义远大理想的崇高使命。这种使命追求与党引领国家现代化的实践交融互塑，形成中国共产党永不僵化、锐意进取的强劲动力。习近平总书记指出："我们党是执政党，党的先进性和纯洁性、党的形象和威望不仅直接关系党的命运，而且直接关系国家的命运、人民的命运、民族的命运。"④ 党的自我革命具有全局性、根本性意义。坚持和发展中国特色社会主义，实现中华民族伟大复兴，内在要求中国共产党始终不变质、不变色、不变味。习近平总书记在第十八届中央纪委六次全会

---

① 《十八大以来重要文献选编》（下），中央文献出版社2018年版，第589页。
② 《马克思主义如何理解"自我革命"》，《学习时报》2024年2月26日第2版。
③ 《十八大以来重要文献选编》（下），中央文献出版社2018年版，第590页。
④ 《十八大以来重要文献选编》（中），中央文献出版社2016年版，第674—675页。

## 第二章
### 马克思主义理论与革故鼎新的契合性

上指出:"全面从严治党,既要注重规范惩戒、严明纪律底线,更要引导人向善向上,发挥理想信念和道德情操引领作用。"①可以说,自我革命就是中国共产党不断向善向上,不断追求"至善"的过程。这种向上的内驱力,赋予了中国共产党敢于刀刃向内的政治勇气,塑造了中国共产党永不停滞、永不僵化的鲜明特征。

革故鼎新也是主体向善向上的本质特征的外化表现。从个体层面来看,革故鼎新表现为"日新其德",即不断提高自身修养和德行,以实现向更高境界的发展。这种发展本质上是对至善的追求和探索,源于主体向上趋"善"的本质性特征。孟子在《大学》中说:"大学之道,在明明德,在亲民,在止于至善。"明,显明。亲,作"新",更新。也就是说,大学的目标,在于显示人心固有的美德和品质,使天下万民革除自身的旧习,从而达到善的最高境界。以最高理想为准则,以至善为追求,不断自我更新和自我完善,是儒家修身思想的要义。以修身为基本环节和起点,《大学》提出"修身、齐家、治国、平天下"的社会治理理念,形成了中国古代政治伦理的基本结构体系。孔子说:"为政以德,譬如北辰,居其所而众星共之。"(《论语·为政》)北辰,指北极星,古代认为它恒定不移,是众星之主宰,象征着道德的恒定与权威,表达了用德行来管理就如同北极星一样,能够使人民拥戴和顺从。为政以德,不仅指统治者用道德来统治和教化百姓,更强调从政者自身的道德修养和追求。孔子强调:"政者,正也。"(《论语·颜渊》)"苟正其身矣,于从政

---

① 《习近平关于"不忘初心、牢记使命"论述摘编》,党建读物出版社、中央文献出版社 2019 年版,第 80 页。

乎何有？"（《论语·子路》）认为领导者必须正身修己、率先垂范、永不懈怠，才能够使百姓安居乐业，国家长治久安。《吕氏春秋》也强调为官的修为之道，认为"凡事之本，必先治身""昔者，先圣王成其身而天下成，治其身而天下治"（《吕氏春秋·先己》）。意思是说，要通过治身，不断提高自己的品行与涵养，才能使天下治理得当。这种将个人品格修养与国家治理紧密联结的德政思想，内化为从政者除旧布新的批判精神、锐意革新的进取精神、日新其德的反思精神，成为革故鼎新的内在动力。

## （二）以自我扬弃为基本环节

革故是自我革命的前提和要求。《周易·杂卦》中曰："革，去故也。"正所谓，不破不立，破字当头。革故是变革的基本前提。只有否定旧的、不合时宜的消极因素，冲破一切阻碍个体进步和发展的思想观念和体制机制障碍，才能为进一步的更新和发展开辟道路。从这个意义上讲，自我革命就是刀刃向内、排毒杀菌、壮士断腕、去腐生肌，不断清除侵蚀党的健康肌体的病毒，不断清除一切影响党的先进性、纯洁性的不利因素。马克思、恩格斯在《德意志意志形态》中指出："革命之所以必需，不仅是因为没有任何其他的办法能够推翻统治阶级，而且还因为推翻统治阶级的那个阶级，只有在革命中才能抛掉自己身上的一切陈旧的肮脏东西，才能胜任重建社会的工作。"① 也就是说，无产阶级必须在革命性锻造中摒弃自身一切陈旧的、腐朽的、不利于社会发展的因素，不断实现对旧有观念、

---

① 《马克思恩格斯选集》第 1 卷，人民出版社 2012 年版，第 171 页。

# 第二章
## 马克思主义理论与革故鼎新的契合性

旧有习气、旧有制度、旧有组织等的否定，以推进自身肌体的完善与更新。自我革命就是主体对自身不断辩证否定的过程。无产阶级必须在革命性锻造中实现对自身的扬弃。

鼎新是自我革命的目标和归宿。《周易·杂卦》曰："鼎，取新也。"鼎新即立新。破旧立新，立在其中。革故和鼎新是一体两面，不可分割的关系。鼎新反映了事物持续发展的内在机制，展现了事物在自我调整、自我更新中不断成长、螺旋式上升的过程。无论是组织还是个人，只有在革故和鼎新中，才能不断实现对自身的扬弃，确保自身朝着更进步、更完善的方向发展。同样地，对于马克思主义政党来说，鼎新是自我革命的更高层次。只有不断创新，把与时俱进、善于创新囊括进来，才能实现党系统的、和谐的、平缓的自我革新和变革。[①] 正如习近平总书记所指出："我们党为什么能够在现代中国各种政治力量的反复较量中脱颖而出？为什么能够始终走在时代前列、成为中国人民和中华民族的主心骨？根本原因在于我们党始终保持了自我革命精神，保持承认并改正错误的勇气，一次次拿起手术刀来革除自身的病症，一次次靠自己解决了自身问题。"[②] 自我革命是中国共产党与时俱进，不断创新出新，始终保持蓬勃生机和旺盛生命力的原因所在。习近平总书记强调："只有努力在革故鼎新、守正出新中实现自身跨越，才能不断给党和人民事业注入生

---

① 赵秀华：《准确理解中国共产党自我革命的科学内涵》，《马克思主义研究》2020年第2期。

② 《十八大以来重要文献选编》（下），中央文献出版社2018年版，第590页。

机活力。"① 自我革命本身就是中国共产党不断自我扬弃、革故鼎新、锐意进取的过程，是中国共产党不断壮大不断成熟的关键。

### （三）以自我反思为主要方法

习近平总书记指出："中国共产党的伟大不在于不犯错误，而在于从不讳疾忌医，敢于直面问题，勇于自我革命。"② 用好批评与自我批评的锐利武器，积极进行自我反思，是自我革命的内在要求。列宁在领导俄国革命中认识到，在无产阶级政党所进行的革命当中，自我批判、自我纠错是首当其冲的，他不仅讲到"一个政党对自己的错误所抱的态度，是衡量这个党是否郑重，是否真正履行它对本阶级和劳动群众所负义务的一个最重要最可靠的尺度"③，而且认为"犯错误对一个先进阶级的战斗的党并不可怕，可怕的是坚持错误，虚伪地不好意思承认和纠正错误"。④ 正因如此，列宁指出："我们要通过自我批评来学会办事。"⑤ 勇于直面问题，自我批评，是马克思主义政党的显著特点和优势。只有承认问题、检视问题，才能对症下药、解决问题，才能不断增强创造力、凝聚力、战斗力，始终成为打不倒、压不垮的马克思主义政党。

在新民主主义革命期间，为同各种错误思想和行为作斗争，毛泽东通过对党内的演讲、报告等形式，从不同角度集中就如何加

---

① 《十八大以来重要文献选编》（下），中央文献出版社 2018 年版，第 591 页。
② 《十八大以来重要文献选编》（下），中央文献出版社 2018 年版，第 589 页。
③ 《列宁专题文集·论无产阶级政党》，人民出版社 2009 年版，第 352 页。
④ 《列宁专题文集·论无产阶级政党》，人民出版社 2009 年版，第 351 页。
⑤ 《列宁专题文集·论无产阶级政党》，人民出版社 2009 年版，第 352 页。

## 第二章
### 马克思主义理论与革故鼎新的契合性

强共产党员的自我批判与自我改造进行了全面理论阐述。他指出："有无认真的自我批评，也是我们和其他政党互相区别的显著的标志之一"，"房子是应该经常打扫的，不打扫就会积满了灰尘；脸是应该经常洗的，不洗也就会灰尘满面。我们同志的思想，我们党的工作，也会沾染灰尘的，也应该打扫和洗涤。'流水不腐，户枢不蠹'，是说它们在不停的运动中抵抗了微生物或其他生物的侵蚀"。① 正是因为具有这种独有的政治品格，掌握了批评和自我批评这个锐利武器，我们党才能坚决同一切损害党的先进性、纯洁性的现象作斗争，才能荡涤一切附着在党肌体上的肮脏东西，把党建设得更加坚强有力。

在个体层面，革故鼎新也强调以科学的态度对待错误，丢弃杂欲私念，蕴含着深刻的自我批判、自我反思精神。《礼记·大学》中的名言"苟日新，日日新，又日新"，原指通过洗澡日新肌肤，后引申为不断反思自己，以提高自身修养。儒家思想尤为强调反思反省的精神，要求君子不断反省自己的过失，反思自己的生活，坚持改过自新，去追求完美的道德境界。《管子·内业》指出："人能正静，皮肤裕宽，耳目聪明，筋信而骨强，乃能戴大圜，而履大方，鉴于大清，视于大明；敬慎无忒，日新其德；遍知天下，穷于四极。敬发其充，是谓内得。然而不反，此生之忒。"强调主体在自我提升中的主观能动性，即人可以通过反思和修行，使自身在生理、心理和道德层面都得到充实和提升。《左传·襄公十四年》指出："善则赏之、过则匡之、患则救之、失则革之。"强调做得好就赞赏，出现偏

---
① 《毛泽东选集》第 3 卷，人民出版社 1991 年版，第 1096 页。

差就纠正，遇到危难就设法救助，出现错误就予以改正，以实事求是的科学态度对待自身行为。唐代陆贽指出"亏而能复，无损于明；过而能改，不累于德"（《谢密旨因论所宣事状》），"以补过为心，以求过为急，以能改其过为善，以得闻其过为明"，"大善盛德，在于改过日新"（《奉天请数对群臣兼许令论事状》）。也就是说，积极承认错误，自我反思，并不会损害一个人的德行，反而，真正的君子以能补救过失为中心，以能找出过错为最急迫的事，以能改正错误为最好的事，以可以听闻过失为最清明睿智的事，因此最盛大的美好品质和德行，就在于能够在不断反省与纠错中，提升自己的修养和道德水平。这种自我反思的科学态度、日日更新的进取精神，与党自我革命的内在旨趣相融相通。

## 第三节 马克思主义的理论特质与革故鼎新的文化精神相契合

文化精神是民族文化的本质，它涵盖一个民族共有的思维方式、认知模式、核心信仰和文化表达，塑造社会整体的认知模式和文化特征。有学者认为："马克思主义与中国传统文化之间的共性并不在于概念、范畴的相同，而在于文化精神的相通。"① 只有在文化精神上

---

① 刘向信等：《马克思主义与中国传统文化》，社会科学文献出版社2009年版，第3页。

## 第二章
马克思主义理论与革故鼎新的契合性

相通的两种文化,才有融合并超越传统的可能。革故鼎新在中华传统文化的漫长发展中,已经熔铸成中华民族共同的文化价值观和精神信仰,反映中华民族对于创新、变革、进步的积极态度。这种文化精神,与马克思主义鲜明的批评性、人民性、发展性的理论特质高度相通,是马克思主义中国化的深层次原因,也为马克思主义与中华优秀传统文化进一步融合和发展提供重要联结点和桥梁。

## 一、马克思主义的批判性与革故鼎新的精神内核相契合

马克思主义在本质上是革命的、批评的。马克思主义辩证法不崇拜任何东西,主张从暂时性的角度出发去理解一切事物,从革命性的角度去改造一切事物,表现出彻底的批判性。从本质上来说,革故鼎新强调对旧有观念和体制等进行适时变革,不断除旧布新,蕴含着对事物发展批判性认知的精神基因。这种批判精神与马克思主义具有高度的相通性。

在如何理解世界方面,辩证唯物主义认为任何事物都有其产生、发展和消亡的过程,强调从暂时性的角度出发去理解一切事物,表现出彻底的批判性、革命性。马克思指出:"辩证法不崇拜任何东西,按其本质来说,它是批判的和革命的。"[①] 马克思主义辩证法强调不管是自然界还是人类社会,都不存在任何最终的、绝对的东西,人类的思维和行动的一切结果都不具有最终性。正如恩格斯所

---

① 《马克思恩格斯选集》第2卷,人民出版社2012年版,第94页。

言:"这种辩证哲学推翻了一切关于最终的绝对真理和与之相应的人类绝对状态的观念。在它面前,不存在任何最终的、绝对的、神圣的东西;它指出所有一切事物的暂时性;在它面前,除了发生和灭亡、无止境地由低级上升到高级的不断的过程,什么都不存在……。它的革命性质是绝对的——这就是辩证哲学所承认的唯一绝对的东西。"① 唯物辩证法否定一切恒常不变的观念,主张一切事物都是相对的、暂时的,对于任何现存的事物都包含着对其否定的理解。恩格斯在《自然辩证法》中指出:"新的自然观就其基本点来说已经完备:一切僵硬的东西溶解了,一切固定的东西消散了。"② 这种对事物的历史性和相对性的认识,使马克思主义真正成为一种具有旺盛生命力的思想体系。

在如何改造世界方面,马克思主义的整个理论体系都在于指导人们破坏一个旧世界,建立一个新世界。马克思、恩格斯早期在批判德国古典哲学传统时指出"对实践的唯物主义者即共产主义者来说,全部问题都在于使现存世界革命化,实际地反对并改变现存的事物"③,初步阐明了唯物主义者即共产主义者必须要以一种革命的、批判的眼光看待现存的世界的观点。对于未来的共产主义社会,马克思也强调要从革命性、批评性的实践中去理解。他指出:"我们所称为共产主义的是那种消灭现存状况的现实的运动。"④ 马克思主义

---

① 《马克思恩格斯选集》第4卷,人民出版社2012年版,第223页。
② 《马克思恩格斯选集》第3卷,人民出版社2012年版,第855—856页。
③ 《马克思恩格斯选集》第1卷,人民出版社2012年版,第155页。
④ 《马克思恩格斯选集》第1卷,人民出版社2012年版,第166页。

# 第二章
马克思主义理论与革故鼎新的契合性

将批判性和革命性贯彻到实践中的每一个环节，强调不仅在理论上对社会进行批评，更要求通过实际的行动来推动社会的变革和建设，以实现彻底改变现存世界的追求。这种彻底的革命性、批判性，是马克思主义鲜明的理论特质。从本质上来说，革故鼎新强调不断地否定旧有的观念和体制，不断除旧布新，其精神内核也是批判的、革命的。这与马克思主义具有高度相通性。

习近平总书记指出："中华文明的创新性，从根本上决定了中华民族守正不守旧、尊古不复古的进取精神，决定了中华民族不惧新挑战、勇于接受新事物的无畏品格。"① 中华优秀传统文化中的革故鼎新思想主张用变化的眼光看待事物，蕴含着丰富的批判性思维。例如，韩非子认为，"世异则事异""事异则备变"（《韩非子·五蠹》），君主治理国家应该随时代的发展进行相应的变革。他强调时代环境的差异，导致事物本身也会发生变化。这种批判性的哲学思维强调事物应该随着环境的变化而灵活变革，不存在永恒不变的状态。北宋理学家程颐在考察事物变易规律时指出，"唯随时变易，乃常道也"，把永恒变化提升到自然界与人类社会发展规律的高度。

从本质上来看，革故鼎新就是一种以批判的态度审视世间万物的辩证法思想。这种批判性、革命性的特质为马克思主义与中华优秀传统文化在新的时代条件下的融合发展，提供了内在的精神支点。习近平总书记指出："传承中华文化，绝不是简单复古，也不是盲目排外，而是古为今用、洋为中用、辩证取舍、推陈出新，摒弃消极因素，继承积极思想，'以古人之规矩，开自己之生面'，实现中华

---

① 习近平：《在文化传承发展座谈会上的讲话》，人民出版社2023年版，第3页。

文化的创造性转化和创新性发展。"①马克思主义与革故鼎新批判精神的融通,有助于我们在新的时代条件下,推动中华优秀传统文化同社会主义社会相适应,形成更具包容性和创新性的中国特色社会主义文化,为社会变革和实践发展提供更多的文化滋养和精神支撑。

## 二、马克思主义的人民性与革故鼎新的价值取向相契合

人民性是马克思主义的根本属性,实现人的自由全面发展是马克思主义进行社会革命的理论依据和政治诉求,也是马克思主义的奋斗目标。这一理论特质与中华优秀传统文化中的革故鼎新思想强调变革要"顺天应人"、回应人民的关切有着共通之处,二者均在追求社会变革的同时注重对人的生存境遇的关怀和改善,有着共同的价值取向。

中华优秀传统文化中的革故鼎新思想具有深厚的人文底蕴。《易经》提出:"革而当,其悔乃亡。天地革而四时成,汤武革命,顺乎天而应乎人。"判断变革是否妥当,一个重要的标准就在于是否顺应天时,对人民有利。后人在评价汤武革命时亦将"顺天应人"作为"革而当"的判断标准。朱熹在《孟子集注》中提出:"范氏曰:'孟子事齐梁之君,论道德则必称尧舜,论征伐则必称汤武。盖治民不法尧舜,则是为暴;行师不法汤武,则是为乱。'"孟子以及后人对汤武革命之所以有如此高的赞誉,一个重要原因便是汤武变革顺应

---

① 习近平:《在文艺工作座谈会上的讲话》,人民出版社2015年版,第26页。

## 第二章
马克思主义理论与革故鼎新的契合性

了人民的呼声，代表了人民的利益。商鞅在与秦孝公讨论变革法制的根本原则时提出"圣人苟可以强国，不法其故；苟可以利民，不循其礼"（《商君书·更法》），即强调如果变革对人民有利，则不必因循守旧。同样地，《淮南子》在论述发展与改革时指出："苟利于民，不必法古；苟周于事，不必循旧。夫夏、商之衰也，不变法而亡；三代之起也，不相袭而王。"这不仅突出强调了革故鼎新对于国家生死存亡的重要意义，也强调了变法改革利民为本的价值取向。可见，革故鼎新思想极为重视变革的最终目的，将利民视为变革的价值旨归，具有深厚的人文关怀。

注重现实的人的生存境遇的改善，将人民群众视为历史的创造者，将人的自由全面发展作为无产阶级革命的最终奋斗目标，是马克思主义人民性的重要体现。这一理论特质与革故鼎新思想中利民为本的价值取向有着显著的契合性。在《论犹太人问题》中，马克思就将政治解放与人的解放作出明确区分，认为资产阶级革命带来的政治解放是社会上少数人的解放，是资产阶级的解放。资产阶级的政治解放打破了封建地主阶级和贵族的政治特权，具有重要的政治意义。但资本主义对生产资料私有制的承认又为新的不平等留下了制度的种子，最终导致阶级矛盾的激化和人的异化问题的产生。马克思、恩格斯通过对资本主义社会中不合理的社会现状的批判，致力于推动现存世界的革命化，以实现人的自由全面发展。马克思、恩格斯通过对人类历史的考察以及对资本主义社会当中人的异化问题的分析，得出结论认为，至今为止一切社会的历史都是阶级斗争的历史。这种斗争在资本主义社会中已经激化到了一个新阶段。被剥削被压迫的无产阶级只有通过暴力革命的方式推翻资产阶级的统治，才能实现自身以及全人类的解放，最终实现人的自由全面发展。

从马克思主义对资本主义社会的批判以及对未来共产主义社会人的发展状态的设想来看，马克思主义始终把全人类的解放与人的自由全面发展作为无产阶级革命的最终奋斗目标，体现着鲜明的人民性。它与革故鼎新思想在价值取向上的契合性，是马克思主义与中华优秀传统文化相结合的重要的文化纽带。

## 三、马克思主义的发展性与革故鼎新的精神禀赋相契合

马克思主义是我们把握时代的根本指导思想，是党的鲜明旗帜和灵魂，运用马克思主义观察时代，把握时代，指导时代，就要不断推进马克思主义的中国化时代化。在1843年9月致卢格的信中，马克思鲜明指出："我不主张我们竖起任何教条主义的旗帜。相反地，我们应当尽量帮助教条主义者认清他们自己的原理的意义。"[1] 马克思主义强调以开放、发展的态度看待事物。这种发展性与中华文化所追求的革故鼎新、创新创造，具有深层次的契合性。

马克思主义的发展性不仅体现在它始终以发展的眼光看待自然界和人类社会，还体现在马克思主义本身就是一个开放发展的，伴随着时代实践不断得到丰富和完善的理论体系。毛泽东思想、邓小平理论、"三个代表"重要思想、科学发展观和习近平新时代中

---

[1]《马克思恩格斯全集》第1卷，人民出版社1956年版，第416页。

## 第二章
### 马克思主义理论与革故鼎新的契合性

国特色社会主义思想都是马克思主义中国化的理论成果。这些思想的产生，是马克思主义者在不同的时代背景下从实际出发，与时俱进，灵活运用马克思主义基本原理的理论结晶，也是马克思主义发展性的鲜活体现。守正创新、革故鼎新是实现马克思主义中国化理论飞跃的内在机理。马克思、恩格斯在《共产党宣言》的德文版序言中强调，这些原理的实际运用，"随时随地都要以当时的历史条件为转移"①。马克思主义并不是一经产生就一成不变的教条，而是能够与时俱进，不断创新发展的行动指南。从这个层面上来看，它与中华优秀传统文化革故鼎新、创新创造的深沉禀赋具有内在的相通性。

革故鼎新、守正创新、与时俱进是中华民族重要的文化禀赋，也是中华民族几千年绵延不绝，保持生机活力的重要原因。"在历史的兴衰沉浮中，变通求新、因革损益、革故鼎新精神成为中华民族精神世界中熠熠生辉的鲜亮精神底色。"②无论是在技术、社会、制度层面，还是在人格培养、观念塑造方面，中华民族都追求与时俱进、革故鼎新，反对泥古不化、保守僵化。中华民族始终坚持以"苟日新，日日新，又日新"的精神不断创造自己的物质文明、精神文明和政治文明，在很长的历史时期内作为最繁荣最强大的文明体屹立于世界。习近平总书记指出："中华文明具有突出的创新性。中华文明的创新性，从根本上决定了中华民族守正不守旧、尊古不复古的进取精神，决定了中华民族不惧新挑战、勇于接受新事物的无畏品

---

① 《马克思恩格斯全集》第1卷，人民出版社1956年版，第376页。
② 李安增：《马克思主义与中国传统文化研究》，齐鲁书社2020年版，第18页。

## 读懂革故鼎新

格。"① 这种创新发展的深沉禀赋，能够使中华优秀传统文化在创造性转化、创新性发展的过程中，与马克思主义同频共振，成为马克思主义与中华优秀传统文化进一步结合的重要基点。

  坚持"两个结合"是我们党在革命、建设和改革的历史进程中得出的宝贵经验。习近平总书记指出："马克思主义中国化时代化这个重大命题本身就决定，我们决不能抛弃马克思主义这个魂脉，决不能抛弃中华优秀传统文化这个根脉。守好这个魂和根，是理论创新的基础和前提。"② 就此而言，我们必须秉持守正创新、与时俱进的精神，不断根据变化了的实际，坚持运用马克思主义基本原理指导实践，发展和创新马克思主义理论。同时用马克思主义激活中华传统文化中的优秀基因，使之焕发出新的时代活力，实现中华优秀传统文化创造性转化、创新性发展，不断推进马克思主义中国化时代化。

---

① 习近平：《在文化传承发展座谈会上的讲话》，《求是》2023 年第 17 期。
② 习近平：《不断深化对党的理论创新的规律性认识　在新时代新征程上取得更为丰硕的理论创新成果》，《人民日报》2023 年 7 月 2 日第 1 版。

# 第三章

# 中国共产党对革故鼎新的探索与实践

# 第三章
## 中国共产党对革故鼎新的探索与实践

"指穷于为薪,火传也,不知其尽也。"中国共产党诞生以来,顺应历史发展规律、洞察时代发展大势、聚焦人民期盼呼声,以革故鼎新的胆识和气魄,锐意改革、勇于创新,不断超越、永不停滞,带领中国人民走出一条前人没有走过的新路,取得一个又一个令人瞩目的创新成果,书写了中华民族几千年历史上最恢宏的革故鼎新的史诗。革命战争年代,中国共产党团结带领中国人民,以"为有牺牲多壮志,敢教日月换新天"的大无畏气概,成功开辟出"农村包围城市、武装夺取政权"的崭新革命道路,领导人民夺取了新民主主义革命的伟大胜利。新中国成立后,中国共产党带领各族人民,以"我们不但善于破坏一个旧世界,我们还将善于建设一个新世界"的豪迈,在一穷二白、满目疮痍的中华大地上革故鼎新、改天换地,逐步建立起独立的比较完整的工业体系和国民经济体系。在改革开放的浪潮中,广大人民群众在中国共产党的带领下,以"杀出一条血路"的勇气、"走出一条新路"的锐气,勇当先行先试的"拓荒牛"、南下弄潮的"闯海人",用智慧、勇气和汗水拼出一片强国富民的崭新天地,在中国大地谱写了"春天的故事"。进入新时代,面对世界百年未有之大变局,以习近平同志为核心的党中央以前所未有的决心和力度冲破思想观念的束缚、突破利益固化的藩篱,推动许多领域实现历史性变革、系统性重塑、整体性重构,无论是打赢人类历史上规模最大的脱贫攻坚战,建成世界规模最大的高速铁路网、高速公路网、世界级港口群，还是载人航天、探月探火、深海深地探测、超级计算机等领域取得重大成果，以及国防和军队改革取得历史性成就、生态环境保护发生历史性、转折性、全局性变化，无一不是新时代中华儿女用革故鼎新精神谱写的绚丽华章。

## 第一节　为推动革命而进行的革故鼎新

19世纪三四十年代，清政府统治危机愈发明显，社会陷入动荡之中。与此同时，西方资本主义迅猛发展，并对外实行殖民扩张。外国资本主义的入侵，使得中国封建社会逐渐解体。中国陷入前所未有的深重危机。面对严重的民族危机和巨大的社会危机，中国将往何处去成为摆在全体中华儿女面前的生死大考。中国共产党人面对时代之变，为"推动革命"进行了一系列革故鼎新。

### 一、"新主义"与"新政党"

新民主主义革命时期，中国共产党人为"推进革命"而进行的革故鼎新，鲜明地体现在党的指导思想和党的自身创建活动中。马克思主义最开始进入中国，并不是一下子就成为国内的"显学"。中国的先进知识分子对于马克思主义的认识，也有一个较长的发展过

## 第三章
中国共产党对革故鼎新的探索与实践

程。开始时,他们还无法区分科学社会主义与其他形形色色的社会主义流派,也曾经追寻过各种各样的"新潮思想"。但是俄国十月革命的胜利,以及苏维埃政府第一次对华宣言的传播,引发了中国社会的极大关注和讨论。在这样的国际国内形势推动下,一大批爱国的进步青年,逐渐划清了无产阶级社会主义与资产阶级民主主义以及其他社会主义流派之间的界限,认识到马克思主义蕴含的真理性,走上了马克思主义的道路。

面对帝国主义和封建主义的双重压迫,要领导完成反帝反封建的社会革命,必须要有坚强的领导核心。中国共产党在20世纪20年代初的中国应运而生。近代中国的历史表明了,只有中国共产党才能承担起这一伟大使命。从根本来说,中国共产党不同于之前所创立的各种党派。它一开始就是一个以马克思列宁主义为指导思想的党,是一个具有高度组织纪律性的政党,是一个新型的工人阶级的革命政党。因此,中国共产党成立后制定的革命纲领,不同于以往的任何其他政党。1922年召开的党的二大,初步阐明了当前阶段中国革命的性质、对象、动力、策略、任务和目标,指明了中国革命的前途。值得注意的是,党的二大首次提出了反帝反封建的民主革命纲领。中国民主革命早在19世纪就已经进行,但是一直没有搞清楚革命的动力和对象,也没有正面提出反对帝国主义和封建势力。中国共产党成立初期,已经明确革命的关键问题,并且让越来越多的人认识到革命的根本所在。

不仅如此,中国共产党还极力组织工农运动,发展革命事业。此前,工人阶级从来不被认为是有力量的阶级,更不被当作领导阶级。但是，随着中国共产党的成立，工人阶级的先进性和革命性越来越突出地显现出来。党作为中国工人阶级的先锋队，天然地就是为广大工人阶级和人民群众谋利益的，是要为革命解放事业服务的。为了开展工人运动，中国共产党成立了中国劳动组合书记部。书记部创办《劳动周刊》，举办工人学校，组织产业工会，开展罢工斗争。党在工人中和整个社会上的影响日益扩大。1922年5月，由中国劳动组合书记部发起、在广州召开的第一次全国劳动大会，事实上承认了中国共产党在工人运动中的领导地位，引导工人阶级走向全国团结的道路。第一次全国劳动大会召开后，中国共产党领导工人阶级展开大大小小的罢工运动累计100余次，掀起中国工人运动的第一次高潮。

这个时期，除工人运动外，中国共产党人还大力开展农民运动。中国共产党人意识到，农民阶级是占中国人口最多的阶级，不争取这一阶级的支持，就无法夺得革命的最终胜利。因此，一些共产党员到农村地区开展农民运动。浙江萧山衙前村农民大会于1921年9月召开，中国第一个新型农民组织宣告成立。1922年7月，彭湃在自己的家乡广东海丰县成立了第一个秘密农会。到1923年5月，海丰、陆丰、惠阳三县的很多地方建立了农会，会员达到20多万人。1922年底爆发的湖南衡阳水口山工人运动，鼓舞了当地农民，他们自发组织起来支援工人的斗争。1923年9月，靠近水口山矿区的衡山县白果地区农民成立了湖南第一个农运组织——岳北农工会，开展了一系列斗争，树起了湖南农民运动的第一面旗帜。农民运动的蓬勃开展，也极大地宣传了中国共产党人的先进思想，为后期打造巩固的工农联盟奠定了深厚基础。团结工农作为革命的主要力量，是中国共产党人的伟大创举。他们在先进理论的指导下，另辟蹊径，找到了中国革命真正应当依靠的力量。对革命主要力量的革新，为后来取得革命胜利提供了充分保证。

## 二、开辟中国革命新道路

新民主主义革命时期，中国共产党人为"推进革命"而进行的革故鼎新，突出体现在开创了一条中国革命新道路上。大革命失败后，革命事业受到重大打击，党的有生力量受到极大摧残。在这艰苦卓绝的斗争环境下，毛泽东率领秋收起义部队来到井冈山，探索出一条"农村包围城市，武装夺取政权"的中国革命新道路，代表了中国革命发展的新方向。

选择从进攻大城市转到向农村进军，是不同于俄国道路的中国特色，也是毛泽东根据中国国情做出的创新决定。在半殖民地半封建社会的中国，中国共产党人无法效仿俄国十月革命，先取城市后取乡村，而只能选择相反的道路。大革命失败后，敌我力量悬殊，中国共产党处于弱势地位。在这一背景下，中国共产党人把马克思主义理论与中国具体实际相结合，总结起义过程中的经验教训，从而探索出适合自身的新路。八七会议之后，中央发出"找着新的道路"的要求，在发动各地武装起义的过程中，初步提出适时性地占据某几个县、建立革命政权的思想。党的六大和六届二中全会，虽然整体上依然偏重城市工作，但也初步肯定了农村根据地在革命过程中的重要性。在开辟这条道路的过程中,毛泽东从理论和实践角度都作出了卓越贡献。

在实践上,毛泽东率先把武装斗争的中心转移到农村,并且领导建立了第一个农村革命根据地——井冈山革命根据地。他不仅验证了农村革命根据地这一模式的可能性,而且极大地保存了革命的武装力量,训练出一支可靠的红军部队。1929年12月,古田会议召开。在军队建设方面,古田会议决议规定红军是一个执行革命的政治任务的武装集团,不同于旧式军队。决议还规定,红军必须绝对服从党的领导,要求其担负起打仗、筹款和做群众工作这三位一体的任务。决议还强调要加强红军的政治工作,特别是政治教育工作。以毛泽东同志为主要代表的中国共产党人对军队的创造性改造,使军队实现浴火重生。

在理论上,毛泽东详尽地论证了中国革命新道路何以可行。秋收起义部队上井冈山后,由于困难的生存环境以及低迷的士气,党内部分人员曾经发出"红旗到底打得多久"的疑问。面对内外部的严峻考验,坚定的共产党人仍然坚持革命道路的可行性。毛泽东在1928年11月代表中共红四军前委写给中共中央的报告中,阐明了自己的观点。他阐明了以农业为主要经济的中国革命,以军事发展暴动,是一种特征;论述了红色革命政权之所以能够长期存在并发展的各项条件。他还阐述了共产党领导的土地革命、武装斗争和建立工农民主政权这三者之间的关系,强调工农武装割据的思想,是共产党和割据地方的工农群众必须具备的。这些都是对于革命新道路的崭新探索。

# 第三章
## 中国共产党对革故鼎新的探索与实践

1929年4月,针对共产国际和中国共产党内某些人认为农村斗争超过城市斗争不利于发展革命的观点,毛泽东予以反驳,指出:半殖民地中国的革命,只有农民斗争得不到工人的领导而失败,没有农民斗争的发展超过工人的势力而不利于革命本身的。1930年1月,毛泽东在《星星之火,可以燎原》一文中进一步指出:"红军、游击队和红色区域的建立和发展,是半殖民地中国在无产阶级领导之下的农民斗争的最高形式,和半殖民地农民斗争发展的必然结果;并且无疑义地是促进全国革命高潮的最重要因素。"①

总体来说,农村包围城市、武装夺取政权的思想,是对大革命失败后党领导红军和根据地斗争经验的系统总结。探索这一革命新道路的过程,体现了中国共产党人敢于革新、实事求是的精神风貌。毛泽东在《反对本本主义》一文中,深刻论述了坚持马克思主义的思想路线、坚持理论与实际相结合的重要性,提出了"没有调查,就没有发言权"和"中国革命斗争的胜利要靠中国同志了解中国情况"的观点,体现了毛泽东开辟新道路、创造新理论的革命首创精神。

## 三、纠正党内错误思想

新民主主义革命时期,中国共产党人为"推进革命"而进行的革故鼎新,也体现在勇于纠正党内错误思想路线上。当时,中国共产党作为一个初创的党,有很多不成熟之处,必然会在革命过程中

---

① 《毛泽东选集》第1卷,人民出版社1991年版,第98页。

## 读懂革故鼎新

遭遇曲折。加之党内存在的非无产阶级思想，对党的发展进一步造成阻碍。这意味着必须要系统性地开展党内整风运动，清除党内错误思想。

大革命的失败，从主观方面来说，这时党还处于幼年时期，还不善于将马克思列宁主义的基本原理和中国革命的实践相结合，后期犯了以陈独秀为代表的右倾机会主义错误，放弃了无产阶级的领导权。党在汉口召开了中共中央紧急会议，即八七会议。会议上，对右倾机会主义错误做出严肃批评，强调："以后我们党的指导要集体化，不要族长化。"[1] 毛泽东批评了党在军事方面存在的问题，认为过去批判国民党只做军事运动，我们党却不做军事只做民众运动，强调"须知政权是由枪杆子中取得的"。由于受到共产国际及其代表的"左"倾思想和党内"左"倾情绪的影响，这次会议在反对右倾错误时，没有注意防止"左"的错误。

"左"倾盲动错误的出现，主要是由于大革命的失败，以及对于此前党内存在的右倾主义错误的矫枉过正。1927年11月通过的《中国现状与党的任务决议案》，认为"城市工人的暴动是革命的胜利在巨大的暴动内得以巩固而发展的先决条件"[2]。在这份文件的指导下，党不断组织各地的暴动，导致有生力量被严重消灭，党的组织也遭到极大的破坏，使得党的力量进一步被削弱。地方暴动失败这一血的事实，教育了我们党内的同志。1928年召开的党的六大，深刻总结了大革命失败的经验，指出目前"最主要的危险倾向就是盲

---

[1]《建党以来重要文献选编》第4册，中央文献出版社2011年版，第391页。
[2]《建党以来重要文献选编》第4册，中央文献出版社2011年版，第626页。

# 第三章
中国共产党对革故鼎新的探索与实践

动主义和命令主义,他们都是使党脱离群众的"①。这在一定程度上改变了党内存在的急切冒进的情况,对克服党内存在的"左"倾盲动主义起了积极的作用。

"左"倾教条主义的出现,有着深厚背景。从国内看,军阀混战使得国内政治经济发展更加不平衡,军阀无暇顾及对我们党的围剿,存在发动暴动的客观可能性。就国际而言,经济危机的爆发使资本主义国家遭受重创,其内部矛盾扩大,暂时放松了对中国的经济和军事侵入。由此,在1930年6月通过的李立三起草的《新的革命高潮与一省或几省首先胜利》决议中,党过高地估计中国革命高潮的态势,对当时中国民主革命形势作出了错误判断,导致党的革命成果又一次遭受重大损害,党的机关被严重破坏,党员人数显著下降,党的工作开展陷入困难。1930年9月,党的扩大的六届三中全会召开,李立三作了自我批评。作为"立三路线"主要特征的那些错误在实际工作中已得到纠正。

以王明为代表的"左"倾冒险主义,给我们党造成了更大的危害。王明宣扬"城市中心论"的观点,把马克思主义的本本机械地套用于中国实际。他主张组织大城市的合法斗争和武装暴动,联合工人阶级,通过中国革命的快速胜利建成社会主义。这当然是不切合实际的,后来的事实也证明了王明等人的错误。第五次反"围剿"失败后,红军被迫长征。党的组织在长征途中付出极大牺牲,党员人数锐减。在关乎党的前途命运的生死关头,党召开了遵义会议。遵义会议极大地团结了全党的思想,是我们党第一次独立自主地做

---

① 《建党以来重要文献选编》第5册,中央文献出版社2011年版,第391页。

出党的重大决策，在最危急关头挽救了党、挽救了红军、挽救了中国革命。遵义会议后，党的路线已经走上马克思主义的正确轨道，但是没有来得及对曾经给党的事业造成严重危害的主观主义、教条主义从思想上进行清理。直到全面抗战时期，整风运动在全党普遍展开。

20世纪40年代开展的延安整风运动，是一次深刻的马克思主义思想教育运动，从根本上纠正党内之前存在的错误倾向。首先，这是中国共产党第一次用大规模整风运动的形式解决党内问题。整风运动以毛泽东先后作《整顿党的作风》和《反对党八股》的演讲为标志，开始在全体干部中普遍推进。整风运动的内容是宣传唯物主义和辩证法，反对主观主义以整顿学风，反对宗派主义以整顿党风，反对党八股以整顿文风。其中，反对主观主义是整风运动最主要的任务。历史证明，用整风的形式解决党内思想、作风方面的问题，正确解决党内矛盾，积极开展党内斗争，是成功和有效的。其次，创造性地提出"惩前毖后，治病救人"的方针。在此前党的历史上，王明"左"倾教条主义者实行"残酷斗争，无情打击"，把党内斗争同敌我矛盾混为一谈，给革命事业造成很大损失。毛泽东总结这方面的教训，在整风运动中实行"惩前毖后，治病救人"的方针，借以达到既要弄清思想又要团结同志这样两个目的。整风的方法是，认真阅读整风文件，联系个人的思想、工作、历史以及所在地区或部门的工作进行检查，开展批评与自我批评，弄清犯错误的环境、性质和原因，逐步取得思想认识上的一致，提出努力方向。对人的处理取慎重态度。最后，在党的建设史上第一次把思想教育同总结历史经验很好地结合起来。这次整风运动，既是一次全党范围内的马克思主义思想教育运动，又是一次全面总结党的历史经验的成功实践。在此基础上，党的扩大的六届七中全会通过《关于若干历史问题的决议》，对党内若干重大历史问题作出正确结论，集中体现了整风运动的成果。通过整风运动，实现了在以毛泽东同志为核心的党中央领导下全党新的团结和统一，党内出现朝气蓬勃的局面，推动了各项工作的进行，为抗日战争的胜利和新民主主义革命在全国的胜利，奠定了思想上、政治上的坚实基础。整风运动是中国共产党人敢于刀刃向内、刮骨疗毒的一次壮举，也是中国共产党人坚守真理、革故鼎新的成功典范。

## 四、推进马克思主义中国化

新民主主义革命时期，中国共产党人为"推进革命"而进行的革故鼎新，还体现在推进马克思主义中国化、实现党的理论创新这一伟大创举上。中国共产党把马克思主义与中国具体实际相结合，开创了马克思主义中国化的历史进程，为党攻坚克难提供了强大的理论支持和精神动力。

中国共产党一经成立，就把马克思主义作为党的指导思想。1921年7月，党的一大通过中国共产党第一个纲领。这分仅有十五条的开创性纲领中，中国共产党人旗帜鲜明地指出党的纲领是"推翻资本家阶级的政权""承认无产阶级专政"，具有显著的马克思主义政党性质。1922年召开的党的二大，不仅通过了党的第一个正式章程，而且明确指出党的任务及奋斗目标，提出了党的最高纲领。

　　土地革命时期，党在思想上的革命持续走向深化。党初步认识到自身理论建设的局限性，大革命失败的惨痛教训，也迫使党内开始思考今后到底要走一条什么样的路。以毛泽东同志为主要代表的共产党人，结合中国半殖民地半封建社会的实际，突破"城市中心论"的固有观点，开创性地提出"农村包围城市，武装夺取政权"的革命道路。这是基于中国国情的正确决策，也象征着马克思主义中国化逐渐走上从自发到自觉的道路。遵义会议后，党开始独立自主地作出决定，不再一味听从共产国际的指示，更加注重将马克思主义基本原理同中国具体实际相结合。1937年，毛泽东在《实践论》和《矛盾论》这两部著作中，系统地阐述了主观主义的特征，科学地阐明了党的马克思列宁主义的思想路线，为系统提出实事求是思想路线奠定理论基础。

　　全民族抗战和解放战争时期，党从理论和实践上推进马克思主义中国化进程。在理论上，党逐步确立了实事求是的思想路线。1938年10月，在《论新阶段》的政治报告中，毛泽东首次提出"实事求是""使马克思主义在中国具体化"的命题，也是首次明确要使马克思主义具有中国的特征、中国作风和中国气派。至此，实事求是的思想路线在党内初步确立。在实践上，党通过延安整风运动极大地推进了党的思想建设。毛泽东在《改造我们的学习》中对"实事求是"做出诠释，号召全党树立起实事求是的马克思主义学风。1942年2月，在《整顿党的作风》和《反对党八股》两篇报告中，毛泽东指出我们的主要任务是"反对主观主义以整顿学风、反对宗派主义以整顿党风、反对党八股以整顿文风",认为党要扫清教条主义、主观主义,清算过去很长一个时期内存在的"左"倾和右倾错误。经过延安整风运动,使实事求是的思想路线在全党范围内深入人心。

1939年、1940年之交,为了将中国革命实际经验马克思主义化,回答中国向何处去的问题,毛泽东接连发表《中国革命和中国共产党》《新民主主义论》等重要理论著作。他揭示了中国半殖民地半封建社会的性质和主要特征,阐明了中国社会的主要矛盾和中国革命发生及发展的原因,对新民主主义革命和旧民主主义革命作了区分。在对新民主主义革命客观分析的基础上,创造性地提出中国革命要分两步走的战略思想,指出建立新民主主义社会是通往社会主义的过渡阶段。毛泽东还总结统一战线、武装斗争、党的建设是中国共产党战胜敌人的三个法宝。这些新观点、新理论,都是中国共产党人在革命实践中凝练的宝贵经验,是中国共产党人对马克思主义中国化的伟大创新,真正做到了"走自己的路"。

## 第二节 为建设社会主义而进行的革故鼎新

1949年中华人民共和国成立,开启了中华民族伟大复兴的新纪元,党的历史任务也随之发生历史性转变。同时,新生的人民政权面临着各方面的严峻考验,许多问题亟待解决。面对种种复杂形势和严峻考验,中国共产党采取一系列措施,稳中有序地领导全国各族人民巩固新生的人民政权,恢复战争创伤,重新开始工农业生产,创造性地制定符合我国国情的社会主义建设方案,为"建设社会主义"而进行了各个方面的革故鼎新,开始了建设新中国的伟大征程。随着各项工作的有序推进和过渡时期总路线的提出,随着大规模经济建设和社会主义改造的进行,社会主义制度逐步建立。

## 一、创建新型人民政权

无产阶级革命的胜利,必然要求建立具有无产阶级性质的全新政权。随着解放战争的胜利推进,建立新中国的任务被提上历史议程。这一筹备工作,主要是通过中国人民政治协商会议进行的。从1948年8月开始,各民主党派和无党派人士的代表响应中央"五一口号",陆续进入东北、华北解放区。平津战役结束后,他们先后抵达北平,参与新政治协商会议的筹备工作,共同建立新中国。1948年秋至1949年夏,许多全国性的人民团体陆续恢复或建立,如中华全国总工会、中华全国学生联合会、中华全国民主妇女联合会、中华全国民主青年联合会等,为召开新政协会议做出重要组织准备工作。1949年6月,在北平召开新政治协商会议筹备第一次全体会议,成立以毛泽东为主任的新政协筹备会常务委员会,负责全面展开筹建新中国政权的工作。同年9月21日,中国人民政治协商会议第一届全体会议在北平隆重开幕,与会代表有来自各行各业的代表共662人。这一会议的召开,标志着中国人民争取民族独立和人民解放运动取得了历史性的伟大胜利,标志着爱国统一战线和全国人民大团结在组织上完全形成,标志着中国共产党领导的多党合作和政治协商制度正式建立。

会议通过了《中国人民政治协商会议共同纲领》(以下简称《共同纲领》)。这一纲领作为新中国的建国纲领,对国家体制、经济建设、文化教育等内容作出全新规定。关于国体和政体,《共同纲领》规定,"中华人民共和国为新民主主义即人民民主主义的国家,实现工人阶级领导的、以工农联盟为基础的、团结各民主阶级和国内各民族的人民民主专政"。"中华人民共和国的国家权力属于人民","人民行使国家政权的机关为各级人民代表大会和各级人民政府","国家最高政权机关为全国人民代表大会";"各级政权机关一律实行民主集中制"。关于经济建设的根本方针,《共同纲领》规定,"以公私兼顾、劳资两利、城乡互助、内外交流的政策,达到发展生产、繁荣经济之目的"。国家应多方面"调剂国营经济、合作社经济、农民和手工业者的个体经济、私人资本主义经济和国家资本主义经济,使各种社会经济成分在国营经济领导之下,分工合作,各得其所,以促进整个社会经济的发展"。关于文化教育,《共同纲领》规定,"中华人民共和国的文化教育为新民主主义的,即民族的、科学的、大众的文化教育"。人民政府的文化教育工作,应以"提高人民文化水平、培养国家建设人才"等和"发展为人民服务的思想"为主要任务;"提倡爱祖国、爱人民、爱劳动、爱科学、爱护公共财物为中华人民共和国全体国民的公德"。

新中国成立后,面临着如何建立新型人民政权的考验。随着人

## 读懂革故鼎新

民解放军的胜利进军,在新解放区,先是成立军事管制委员会,镇压反革命破坏活动,维护社会秩序,接管国民党和旧政府的一切公共机关,组织恢复生产。在经过一段时间的过渡后,各地陆续召集各界人民代表大会,选举产生地方人民政府。中华人民共和国从中央到地方的各级政权,建立在彻底打碎国民党反动派的统治的基础之上。经过对全国城乡旧的基层政权进行彻底改造,人民政府的组织系统从中央一直延伸到社会的最基层,初步形成上下贯通、集中高效、具有高度组织动员能力的国家行政体系。到1951年,全国成立了29个省、1个民族自治区(内蒙古)、8个省级行政公署、13个直辖市人民政府、140个省辖市人民政府及2283个县人民政府,使繁杂的政府工作迅速打开局面。[1] 这是中国社会政治结构的一次重大变革,为党在全国执政奠定坚实的组织基础。

为保证中央人民政府成立后党对政府工作的领导,1949年11月,中共中央通过《关于在中央人民政府内组织中国共产党党委会的决定》,规定:"凡参加中央人民政府工作之党员,除中央允许者外,必须一律参加支部组织,过党的组织生活。"中共中央还作出《关于在中央人民政府内建立中国共产党党组的决定》,提出:"为实现和加强中国共产党中央对中央人民政府的领导,以便统一并贯彻党中央的政治路线和政策的执行,特依据《党章》规定在中央人民政府中担任负责工作的共产党员组成党组"。通过党组在政府部门实现党的政策和决定,是中国共产党人在组织建构中的创造,加强了党员干部和非党干部的团结,起到很好的组织协调作用。党组制度

---

[1]《中国共产党的一百年》,中共党史出版社2022年版,第355页。

## 第三章
### 中国共产党对革故鼎新的探索与实践

由中央国家机关推及地方各级政府部门。

1952年9月，此前中国人民政治协商会议第一届全体会议已经届满。根据中共中央的提议，1953年1月，中央人民政府委员会通过了《关于召开全国人民代表大会及地方各级人民代表大会的决议》，同时成立了宪法起草委员会和选举法起草委员会。经过一系列紧张有序的筹备，1954年9月15日至28日，第一届全国人民代表大会第一次会议在北京隆重举行。大会一致通过了《中华人民共和国宪法》，这是我国第一部宪法，也是中华人民共和国成立以来新的历史经验的总结，肯定了中国共产党人走过的新民主主义革命道路。宪法进一步明确了我国社会主义社会的根本政治制度，明确规定："中华人民共和国是工人阶级领导的、以工农联盟为基础的人民民主国家。""中华人民共和国的一切权力属于人民。人民行使权力的机关是全国人民代表大会和地方各级人民代表大会。""全国人民代表大会、地方各级人民代表大会和其他国家机关，一律实行民主集中制。"宪法规定了公民的基本权利和义务，使中国人民的基本人权在新中国第一次获得了宪法这一根本大法的保障。宪法还确立了国家体制的格局：全国人民代表大会即最高国家权力机关；国务院即中央人民政府，是最高国家权力机关的执行机关，是最高国家行政机关。全国人民代表大会的召开，标志着人民代表大会制度这一国家根本政治制度的建立。在中国实行人民代表大会制度，是中国共产党人领导中国人民在人类政治制度史上的伟大创造，也是中国人民翻身作主、掌握自己命运的必然选择。这一制度是中国共产党带领中国人民沿着社会主义道路前进的制度保障。

一届全国人大一次会议召开后，中国人民政治协商会议第一届全体会议执行全国人民代表大会职权的历史任务宣告结束。1954年12月，中国人民政治协商会议举行第二届全国委员会第一次会议，讨论并通过《中国人民政治协商会议章程》，指出：人民政协作为团结全国各民族、各民主阶级、各民主党派、各人民团体、国外华侨和其他爱国民主人士的人民民主统一战线的组织，仍然需要存在。全国政协二届一次会议，解决了全国人民代表大会召开后人民政协的性质、地位、作用和任务的问题，解决了政协与人大、政府之间的关系和互相配合问题，进一步巩固了人民民主统一战线，为我国长期坚持中国共产党领导的多党合作和政治协商制度这一社会主义基本政治制度奠定了基础。人民代表大会制度这一根本政治制度，中国共产党领导的多党合作和政治协商制度、民族区域自治制度这两项基本政治制度的创立，构成了我国过渡到社会主义的政治制度体系，为人民当家作主提供了制度保障。

## 二、经济建设重获新生

新中国在经济上继承的是一个千疮百孔的烂摊子。生产萎缩，民生困苦，通货膨胀，市场混乱。此外，广大新解放区还没有实行土地改革，落后的土地所有制严重束缚着生产力的发展。因此，党面临着稳定经济形势、恢复生产的严峻考验。能否解决好这一问题，关乎新中国经济建设能否站稳脚跟。

官僚资本垄断国家经济命脉，严重阻碍社会生产力的发展。没

# 第三章
## 中国共产党对革故鼎新的探索与实践

收官僚资本归人民的国家所有，是新民主主义革命的三大经济纲领之一，也是《共同纲领》所提出的一项历史任务。不同于政治制度上彻底打碎反动的国家机器，党对于官僚资本企业采取完整接收的方式，保持"原职、原薪、原制度"，实行监督生产，然后再逐步实行民主改革和生产改革。

随着城市接管工作的顺利进行，到1950年初，全国合计接管官僚资本的工矿企业2800余家、金融企业2400余家。在此基础上，国营经济迅猛发展。1949年底，国营工业的固定资产占全部工业固定资产的80.7%，拥有全国电力产量的58%、原煤产量的68%、生铁产量的92%、钢产量的97%，还掌握了全国的铁路和其他大部分近代化交通运输事业，以及大部分民航业务和对外贸易。截至1952年，全国国营企业固定资产原值为240.6亿元人民币，其中大部分为没收官僚资本企业的资产。除去已用年限折旧后净值为167.1亿元人民币。将这笔巨大财富收归国有，为国家调节各种非公有制经济成分、组织恢复国民生产提供了强有力的物质支持，并促使全社会经济向社会主义性质发展。

同时，中央人民政府成立后，还面临着物价上涨、市场混乱的情况。面对复杂形势，党和人民政府采取必要的行政手段和有力的经济措施，成功组织了同投机资本作斗争的"两大战役"。第一场战役是"银元之战"。各地城市解放后，军管部门和人民政府即宣布人民币为唯一合法货币，金条、银元、外币统一由人民银行挂牌收兑，严禁在市场上自由流通。但是金融投机商对此置若罔闻，甚至部分人扬言：解放军进得了上海，人民币进不了上海！针对这一情况，

## 读懂革故鼎新

1949年6月10日,上海解放仅半个月,市军管会即查封金融投机的大本营证券大楼,将破坏国家金融秩序的首要分子逮捕归案。其他城市解放后也相继查封地下钱庄,沉重打击了投机商的非法活动,全国粮油价格也随之回落。第二场战役是"米棉之战"。同年10月,部分投机资本家趁政府收购粮棉之机,大量囤积粮食、棉纱和木炭等,再次掀起物价风潮,各地物价持续猛涨40余天。以陈云为主任的中财委冷静沉着,精心部署在全国范围内调运粮食等重要物资,于涨价最猛的11月25日,在各大城市统一敞开抛售,使物价迅速下跌;同时催征税收,进一步收紧银根,使得投机商资金周转失灵,纷纷破产。经此"两大战役",不法投机资本一蹶不振,国营经济取得稳定市场的主动权。

通过市场手段使物价回落只是权宜之策,要从根本上稳定物价,就必须做到国家财政收支平衡和市场物资供求平衡。1950年3月,政务院发布《关于统一国家财政经济工作的决定》,决定统一全国财政收入,使财政收入的主要部分集中于中央,用于国家的必要开支;统一全国物资调度,使国家掌握的重要物资能从分散状态集中起来合理使用,以调剂余缺;统一全国现金管理,一切军政机关和公营企业的现金,除留若干近期使用者外,一律存入国家银行。这个决定在全国雷厉风行地贯彻执行,很快取得明显成效。1950年一、二季度国家财政赤字曾占支出总数的43%和40%,而三、四季度即下降到9.8%和6.4%,财政收支当年已接近平衡。随着实行现金管理、整顿税收、推销公债等措施,全国物价进一步回落并趋于平稳。

没收官僚资本归国家所有、稳定物价和统一财经工作,结束了自抗战以来连续多年物价飞涨、通货膨胀的局面，有力地推动了全国范围内经济向新民主主义经济的转变。这是新中国成立后党和人民政府在财政经济战线上创造的重大胜利。毛泽东高度评价这个胜利的意义"不下于淮海战役"。国内外那些质疑中国共产党能否管理好经济的人们也不得不表示赞佩。事实证明，共产党不仅在军事上、政治上是坚强有力的，在经济上也是完全有办法的。

## 三、实施土地制度改革

新中国成立后的土地改革主要在 1950 年冬到 1952 年底推行。党领导新解放区的民众进行了废除封建土地制度的改革，在这一过程中党创造性地提出许多新制度、新做法。在新解放区，党没有直接推行土地改革方案，而是预先做了多方面的准备。一是组织和人员准备。党领导民众，在新解放区先进行了清匪反霸运动，实行部分减租退押，并在斗争过程中建立了农村基层政权和民兵组织，培养了一大批农民积极分子。二是法律准备。1950 年 6 月，中央人民政府委员会通过了《中华人民共和国土地改革法（草案）》（以下简称《土地改革法》）。《土地改革法》总结了党过去领导土地改革的经验，并根据当时情况规定了保存富农经济的政策，为开展后续土地改革提供了法律依据。

新区土地改革运动的基本目的，是废除地主阶级封建剥削的土地所有制，实行农民的土地所有制，借以解放农村生产力，发展农业生产，为新中国的工业化开辟道路。《土地改革法》明确规定：没收地主的土地、耕畜、农具、多余的粮食及其在农村中多余的房屋，统一、公平合理地分配给无地少地及缺乏其他生产资料的贫苦农民所有。同时改变过去征收富农多余的土地财产的政策，规定保护富农自耕和雇人耕种的土地及其他财产；半地主式富农出租大量土地，超过其自耕和雇人耕种的土地数量者，征收其出租的土地。对地主，除没收土地外，限制没收其财产的范围。对小土地出租者，提高了保留其土地数量的标准。实行这些政策，是为了更好地保护中农，有利于分化地主阶级，减轻土改的阻力，从而有利于生产的恢复和发展。

党强调土地改革必须有领导、有计划、有秩序地进行。一方面，新区土改本质上是一场阶级斗争，必须要团结、发动广大群众，使他们在打倒地主阶级的斗争中提高觉悟，依靠自己的力量当家作主。另一方面，要有效引导群众运动，把放手发动群众和用党的政策武装群众、引导群众结合起来。因此，党从中央到地方抽调了大批干部组织土改工作队，包括吸收了一大批青年和学生，经过集中培训，认真学习土改法令，掌握各项政策和工作方法，分期分批下到农村实行土地改革。除此之外，党还积极组织大批民主党派人士和知识分子去参加或参观土地改革，形成城乡最广泛的反封建统一战线。

为了真正发动农民，土改工作队深入贫雇农家中，启发他们倒苦水、挖穷根，算地主的剥削账和农民的翻身账，弄清楚"到底是地主养活农民，还是农民养活地主"这一根本问题，使得广大农民觉悟起来，积极拥护党的政策和土改法令的推行。到1952年底，除一部分民族地区外，土地改革在中国大陆基本完成。包括老解放区在内，全国约有 3 亿无地少地的农民无偿获得约 7 亿亩土地，免除了过去每年向地主交纳的 3000 万吨以上粮食的地租。与此同时，广大农民还分得大量的其他生产资料和生活资料，计有耕畜 296 万头、农具 3944 万件、房屋 3795 万间、粮食 100 多亿斤。随着土地改革的基本完成，各级政府从经济上对农民给予扶持，实行了一系列有利于农业生产的新措施。广大农民的生产积极性空前高涨，普遍添置耕畜及各式农具，改善和扩大生产经营。有数据显示，从 1950 年到 1952 年，我国棉花、粮食、油料等主要农产品产量逐年上涨，显示了土地改革对发展农业生产的促进作用。

土地改革的完成，消灭了地主阶级封建剥削的土地所有制，从根本上铲除了中国封建制度的根基，带来了农村生产力的解放、农民生产积极性的提高以及农业的迅速恢复和发展。

## 四、革除旧社会遗毒

除土地改革外，执掌全国政权以后中国共产党还针对旧社会遗毒问题实施了一系列民主改革，促使社会风气焕然一新。

改革封建婚姻制度，是中国共产党推进民主改革和社会改造的一个重要方面。旧中国的封建婚姻制度，是一种以夫权为中心、压迫妇女并剥夺男女婚姻自由的落后制度。它对人性、人权的束缚和摧残，酿成无数人生悲剧，对整个社会的影响根深蒂固。中国共产党在新中国成立后，很快着手改革旧的婚姻制度。1950 年 5 月 1 日颁布的《中华人民共和国婚姻法》（以下简称《婚姻法》），是新中国成立后制定的第一部法律。它明确规定："废除包办强迫、男尊女卑、漠视子女利益的封建主义婚姻制度。实行男女婚姻自由、一夫一妻、男女权利平等、保护妇女和子女合法权益的新民主主义婚姻制度。"新婚姻法的颁布，是建立新的社会生活的一项重大改革。全国各地通过报刊、广播、文艺等多种形式进行了广泛宣传，使关于新型婚姻制度的法律规定通过群众喜闻乐见的形式深入人心。在随后开展的宣传《婚姻法》及检查《婚姻法》执行情况的群众性运动中，各部门共同配合，同一些维护包办婚姻的顽固势力，以及某些基层干部漠视妇女权利、迁就买卖婚姻的错误行为作斗争，使婚姻制度的民主改革在新中国成立短短几年内取得显著成效。经过贯彻《婚姻法》运动，全国大部分地区封建婚姻制度已经被摧毁，使得占全国人口半数的广大妇女从封建婚姻制度的束缚下得到解放，参加各种生产和社会活动的热情高涨，社会地位得到很大提高。

在城市解放初期，大量旧社会痼疾遗留下来，诸如卖淫嫖娼、贩毒吸毒、设庄赌博等，严重毒害社会环境和群众的身心健康。中央人民政府成立后，迅速开展了扫除各项社会弊病的斗争。首都北京率先开始取缔卖淫嫖娼的斗争。1949年11月，市各界人民代表会议通过封闭妓院的决议。在公安局、民政局、妇联、卫生局等部门的共同合作下，仅12个小时就封闭了全市224家妓院，逮捕老鸨、领家400余人，并按罪行轻重依法惩处；收容妓女1200余名，专门成立妇女生产教养院进行教育改造并从事生产劳动。之后，上海、天津、武汉等大中城市也陆续取缔卖淫嫖娼，全国共查封妓院8400余所，惩治了一批妓院老鸨，使一大批被迫为娼的良家妇女脱

## 第三章
### 中国共产党对革故鼎新的探索与实践

离苦海,成为自食其力的劳动妇女。取缔卖淫嫖娼的斗争,使党和人民政府在广大群众眼中树立了良好的社会形象。

旧中国由于长期处于被剥削、被霸凌的状态,导致鸦片烟毒在社会上泛滥成灾,戕害人民生命,损耗民族精神。至解放之初,全国以制贩毒品为业的有数十万人,吸食鸦片烟毒者达千万之众。在烟毒危害最严重的云南省,种烟面积占全省耕地总面积的20%—30%。众多烟民不从事生产劳动,只顾吞云吐雾,导致倾家荡产、家破人亡,最终沦为匪盗、娼妓,危害社会安定。鉴于烟毒造成的严重后果,党和人民政府决定彻底根除烟患。1950年2月,政务院发布通令,采取坚决措施收缴烟土毒品,禁止种植鸦片;对制贩烟毒者严加查处。1951年2月,周恩来总理签发《政务院重申毒品禁令》,严格规定所有机关、部队、团体,均不得从国内外买卖毒品,违者受国家法令处分;旧存毒品,一律无偿上交当地财委转送中央财政部保管,不得隐藏不交,违者受国家纪律处分。[①]这一禁令的公布实施,有效地堵塞了机关团体、部队对毒品管理不严的漏洞。经过严酷斗争,到1951年3月,西南多数地区的烟田已基本铲除。1952年4月,中共中央发出《关于肃清毒品流行的指示》,要求以大中城市、边防口岸及过去烟毒盛行的地区为重点,发动群众对烟毒进行一次集中的彻底的扫除。根据中央指示,各地周密筹划,共查出毒犯36.9万余人,逮捕8.2万余人,其中判刑、劳改、管制的5.1万余人,处决罪大恶极的毒犯880人,给贩毒活动以摧毁性打击,充分体现了依靠人民群众开展禁毒运动的威力。

---

① 《中国共产党的一百年》,中共党史出版社2022年版,第384页。

与此同时，各地政府还积极动员群众开展禁赌斗争，对公开的赌博场所一律查封，对聚众赌博、屡教不改的赌徒严加惩治，对一般参与赌博人员进行教育和劝导，使在旧社会十分盛行的赌博习气很快被扫除。经过三年左右的努力，曾经在旧中国屡禁不绝的娼、赌、毒等社会痼疾，在党和政府的领导下基本被禁绝，各阶层人们的精神面貌焕然一新，整个社会发生深刻变化，为后续发展国民经济创造了良好的群众基础和社会环境。

## 五、顺利完成三大改造

1952年土地改革完成后，国家在取得巨大成绩的同时，也面临着社会生活领域的新矛盾。一方面，在农村中，主要是土地改革后农民分散落后的个体经济难以满足城市和工业发展对粮食和农产品原料增长的迫切需要。另一方面，在城市中，工人阶级与资产阶级之间日益尖锐的矛盾，极大地阻碍了经济生活的蓬勃发展。同时，国家有计划地开展经济建设和私人资本主义经济要求扩大自主生产和自由贸易之间，也存在深刻矛盾。在这种情况下，国家必然将对国民经济实现系统的社会主义改造的任务提上议程。

但是，党关于过渡时期的总路线不是一蹴而就的，其认识随着我国实践的发展而变化。原本设想经过10年到15年的新民主主义建设时期，再采取实际的步骤进入社会主义社会。但是随着实践发展，党发现新民主主义建设时期本质上就是逐步过渡到社会主义的时期，即社会主义经济成分在国民经济中的比重逐步增长的时期。

# 第三章
## 中国共产党对革故鼎新的探索与实践

1952年9月，毛泽东提出"中国怎样从现在逐步过渡到社会主义去"的指导方针和大致设想。经过反复酝酿，1953年6月15日，中央政治局扩大会议对此进行讨论，毛泽东在会上首次提出党在过渡时期的总路线基本内容，后来正式表述为："从中华人民共和国成立，到社会主义改造基本完成，这是一个过渡时期。党在这个过渡时期的总路线和总任务，是要在一个相当长的时间内，逐步实现国家的社会主义工业化，并逐步实现国家对农业、对手工业和对资本主义工商业的社会主义改造。"①1954年2月召开的党的七届四中全会，正式批准了这条总路线。

需要认识到，过渡时期的总路线的提出，是党在从新民主主义到社会主义转变问题认识上的重要改变。1949年党召开的党的七届二中全会，已经对"要在实际上保证中国向社会主义前途走去"的方针政策做过相关规定。但面对新的实践情况，党勇于改变原先设想，不是等待长期准备之后再采取实际的社会主义转变方案，而是现在就采取社会主义工业化和社会主义改造同时并举的方针，充分利用三年来创造的各方面条件，实行以多种形式改造个体经济和私人资本主义经济的具体政策，从而完成经济上的社会主义改革任务，进而初步确立社会主义的经济基础和经济制度。党这一有关政策的制定，是完全符合国家实际情况的，也是合乎新中国社会发展的规律的。

党对过渡时期总路线，以及它和社会主义工业化的关系作出了创造性阐述，将总路线的内容简称为"一化三改"或"一体两翼"。

---

① 《建党以来重要文献选编》第4册，中央文献出版社2011年版，第602—603页。

这是因为过渡时期的总路线好比展翅高飞的大鸟，社会主义工业化是它的主体，对个体农业、手工业的社会主义改造，对资本主义工商业的社会主义改造，分别为两翼。总路线的主体与两翼之间，是彼此联系、互相促进的，体现了解放和发展生产力同变革生产关系的辩证统一。

在贯彻总路线的过程中，党探索并稳妥解决了社会主义改造的具体途径问题，体现出社会主义建设的创造性。对个体农业的改造，是在互助组的基础上，发展土地入股的初级农业生产合作社，逐步过渡到土地公有的高级农业生产合作社，实现农业集体化。对个体手工业的改造，是从手工业生产合作小组开始，到组织手工业供销生产合作社，逐步过渡到高级形式的手工业生产合作社。对资本主义工商业的改造，创造了加工订货、统购包销、经销代销、公私合营等一系列从低级到高级的国家资本主义形式。这些为帮助私营工商业克服生产困难而采取的措施，事实上引导私营企业在生产关系上发生不同程度的变化，使其绝大部分成为在人民政府管理下的、用各种形式和国营社会主义经济联系着的、受工人监督的国家资本主义经济。

党在领导社会主义改造的实践过程中，创造了一系列适合中国特点的从初级到高级过渡的形式，使个体农民、手工业者和私营工商业者能够循序渐进地改变原有的生产方式。尤其是对资本主义工商业，创造了不由国家付出大批赎金，而是在相当一段时间内让资本家继续从企业分得一部分红利和股息的"赎买"办法，不仅有利于资本家接受改造，而且能继续发挥私营工商业在扩大生产等方面的积极作用。党通过这一方式，争取到大多数民族资本家对社会主义改造的配合，从而实现了马克思、列宁曾经设想的对资产阶级的和平赎买，丰富和发展了马克思主义的科学社会主义理论。这是中国共产党建设社会主义的一个独创性经验。

## 第三节　为改革开放而进行的革故鼎新

粉碎"四人帮"后，人们的思想仍然处于彷徨期。"两个凡是"的提出，为新形势下坚持真理、纠正错误设置了障碍。不解决思想路线上的问题，不回答民众对于指导思想的困惑，国家的发展就得不到前进。1978年12月，党的十一届三中全会在北京召开。全会结束了粉碎"四人帮"之后党和国家工作在徘徊中前进的局面，作出了实行改革开放的新决策，实现了新中国成立以来党的历史上的伟大转折。由此，中国开启了改革开放，积极应变、主动求变，打开了中国发展进步的崭新道路。在改革开放的浪潮下，我国开始了从改革旧体制、建立新体制到在新体制下实现不断完善和发展的转化，逐步实现对计划体制的革命性变革，引领中国发展进步的道路越走越宽广。

## 一、农村改革率先破冰

党的十一届三中全会的召开,实现了新中国成立以来党的历史上具有深远意义的伟大转折,开启了改革开放和社会主义现代化建设新时期。十一届三中全会后,党领导国民经济调整,推动改革开放逐步步入正轨。调整工作初始,邓小平强调:"为了有效地实现四个现代化,必须认真解决各种经济体制问题。"[①] 解决经济体制问题的实质,就是对社会主义的一些具体制度进行突破和改革,开辟出一条符合中国实际的现代化道路。改革作为一项关乎全局的事业,如何正确地实行改革成为摆在中国共产党人面前的难题。不仅要改革,而且要在实现经济发展的同时巩固社会主义,要创造比资本主义更高的生产力并惠及广大人民群众。这不仅是一个全新课题,更是一个难题。

中国的改革首先在农村焕发生机。改革开放新时期,我国农村土地制度改革大体上可以划分为四个阶段。第一个阶段,从1978年到1983年,我国初步确立了以"包产到户"为特点的农村土地制度。当时我国农业发展速度不快,无法适应人民的需要和四个现代化的需要。党的十一届三中全会前,面对严重的农村经济形势,部分地方实行放宽政策,已经率先进行改革试验。1978年安徽省遭遇大旱灾,农民秋种面临严重困难。在这一形势下,安徽省委决定把部分土地借给农民种麦种菜,所产粮菜不征购,不计口粮。这一措施极大地调动了当地农民的积极性,出现全家男女老幼齐下地的盛

---

[①]《邓小平文选》第2卷,人民出版社1994年版,第161页。

况。同年11月，受到这一应急政策的启发，部分地方干部和农民突破旧体制的限制，自发采取了包干到组和包产到户的做法。最为典型的例子是安徽凤阳县的小岗村。凤阳县梨园公社小岗生产队18户农民创造出"包干到户"的做法，即生产队与每户农民约定，先把该缴给国家的、该留给集体的都固定下来，收获以后剩多剩少都是农民自己的。四川省委也支持农民搞包产到组，允许和鼓励社员经营正当的家庭副业。其他一些省份也采取了类似的做法。这些大胆的尝试拉开了农村改革的序幕。

对于农村出现的包产到户、包干到户的责任制形式，当时党内外一些人对此发表了疑虑，担心这种形式会偏离社会主义。但是，一些改革实践深入的地区，坚持以实际为指引，从改革的实际效果出发，推进改革发展，农村面貌呈现出生机和活力。1979年，四川省粮食产量640亿斤，比历史最高年份1978年多40亿斤。1980年，贵州省98%以上的生产队建立各种形式的生产责任制，当年粮食总产量达到129.6亿多斤，成为新中国成立以来第二个高产年。① 以包产到户、包干到户为主要形式的农村家庭联产承包责任制，使农业生产基本上变为分户经营、自负盈亏，让农民获得了生产和分配的自主权。因此，这一政策推行之后，不仅克服了原先分配中存在的平均主义，而且纠正了管理过分集中、经营方式过于单一的缺点，受到农民的普遍欢迎，促进了农业生产的发展。农村改革在推进过程中，并没有采用"一刀切"的方法，而是实事求是、因地制宜，尊重群众的选择，允许多种形式责任制并存。同时，全国也有

---

① 《中国共产党的一百年》，中共党史出版社2022年版，第674页。

## 读懂革故鼎新

部分农村未实行家庭联产承包责任制,而是根据当地具体情况,在原来的集体经济基础上继续实行集体经营。但是,这种集体经营并非原封不动地保留旧有的集体经济体制和做法,而是加以必要的改进和突破,探索高水平的集体化新路。

第二个阶段,从1984年到1991年,我国逐渐推广以"双层经营"为特点的农村土地制度模式。党的十二大后,农村改革在巩固的基础上进一步深入,以稳定和完善家庭联产承包责任制为主要任务。家庭联产承包责任制的普遍推行,从根本上动摇了"三级所有、队为基础"和政社合一的人民公社体制。1983年10月,中共中央、国务院发布《关于实行政社分开建立乡政府的通知》。到1984年底,全国各地基本完成了政社分设。到1985年春,撤社建乡(镇)工作完成。实行了近27年的人民公社制度至此不复存在。这是对农村经济和政治体制的重大改革。农村改革极大地调动了农民生产积极性,解放了农村生产力,扭转了之前农业生产长期徘徊不前的局面。据统计,1979年至1984年,农业总产值以年均7.7%的速度增长,平均每年增产粮食171亿公斤。1984年粮食产量人均393公斤,接近世界人均水平。[1]1986年6月,全国人大常委会审议通过了《中华人民共和国土地管理法》(以下简称《土地管理法》),第一次以法律的形式保障农民对土地的承包权,让土地制度改革有法可依。随后,在1990年和1991年中央出台的多个文件中,都旗帜鲜明地提出要坚持农村的家庭联产承包责任制。这就使"双层经营"模式的农村土地制度逐步推广和巩固。

---

[1]《中国共产党的一百年》,北京:中共党史出版社2022年版,第700页。

## 第三章
### 中国共产党对革故鼎新的探索与实践

第三个阶段，从1992年到2000年，我国农村土地制度以"长期稳定"为重点逐步深化。邓小平南方谈话中的"三个有利于"思想，再度印证了农村推行家庭联产承包责任制的正确性，生产力得到较大发展。此时家庭联产承包责任制作为农村土地制度改革的中心环节，必须长期稳定地推行下去，进而深化土地制度改革。1993年，第一个15年土地承包期接近期满，中央发文提出再次延长土地承包期30年，继续推行家庭联产承包责任制。随着社会经济环境的变化发展和城乡趋于发展需求，中央还规定允许土地使用权进行依法转让，以充分利用土地、减少撂荒现象。1998年《土地管理法》进行修改、2000年中央发布《关于制定国家经济和社会发展第十个五年计划的建议》，都是党和国家运用法律保护农民权益、关注农业农村发展、促进土地制度改革的显著表现。

第四个阶段，从2000年至今，我国土地制度改革进入以"动态发展"为主调的创新发展阶段。进入21世纪后，如何处理好农村土地制度和市场经济的关系、家庭联产承包责任制如何适应现代化农业生产等问题，成为摆在党和国家面前的关键问题。这一时期的农村土地制度改革呈现出动态发展、创新协调的崭新特征。中国加入世界贸易组织后，为了发展和保护国内的农业，更好地应对经济全球化浪潮下的冲击，党和国家通过多种手段加大对"三农"的扶持力度。党的十九届五中全会提出要优先发展农业农村，走中国特色的社会主义乡村振兴道路，保障粮食安全，侧面反映了农村土地制度改革的重要性。党中央一以贯之聚焦"三农"问题，作为一号文件，对农村土地承包经营制度、农业农村发展方向作出明确规定，全面推进乡村振兴。

在农村改革的过程中,广大农村基层干部和亿万农民为改变农村面貌和自身命运,勇于变革现有体制机制,打开了改革开放的大门。建设中国特色社会主义的实践,正是在党和广大人民群众的创造中逐渐实现的。农村改革的实行,对提高农业生产效率,进而推动全国范围的改革进程,具有深远意义。

## 二、市场经济体制逐步建立

我国改革在农村取得突破之后,逐步转向城市。党的十一届三中全会前,城市经济体制改革就已经在局部地区进行试点。十一届三中全会后,在对试点经验进行总结的基础上,党领导开展了城市经济体制改革。城市经济体制改革主要包括扩大企业自主权、实行经济责任制改革、变更商业流通体制及所有制的局部改革等方面。总体而言,从1979年到1982年进行的城市经济体制改革试点,在成效上还仅处于初步阶段。虽然改革不同程度地触及了城市经济体制存在的主要弊端,但要从根本上解决问题,还必须继续深入改革。

党的十二大以后,经济体制改革全面展开。改革的重点逐步转向城市,城市经济体制改革由试点发展到全面铺开,其他领域也随之迈出改革步伐。在农村改革的推动下,城市改革向新的广度和深度拓展。在沙市、常州进行经济体制综合改革试点基础上,中共中央、国务院于1983年2月批准在重庆这样的大城市进行试点。1983年起,国营企业开始进行两步利改税改革,以完善国家和企业的分

## 第三章
中国共产党对革故鼎新的探索与实践

配关系。1984年10月，党的十二届三中全会通过《中共中央关于经济体制改革的决定》，总结新中国成立以来特别是党的十一届三中全会以来经济体制改革的经验，初步提出和阐明了经济体制改革的一系列重大理论和实践问题。此后，以城市为重点的经济体制改革全面展开。

改革使原来那种与现实生产力水平不完全适应的单一公有制结构发生很大改变。同改革前的1978年相比，在1987年全国工业总产值中，全民所有制企业产值有相当增长，而它所占的比重由77.6%下降到59.7%，仍占绝对优势；集体经济由22.4%上升到34.6%；个体经济、私营经济、"三资"企业和其他非公有制经济成分则由几乎为零上升到5.7%。①党的十三大报告提出："计划和市场的作用范围都是覆盖全社会的。新的经济运行机制，总体上来说应当是'国家调节市场，市场引导企业'的机制。"经济体制改革的市场化方向愈发明显。所有制结构的种种变化，对发展经济、方便人民生活和扩大就业起到积极作用。市场经济体制改革极大地消除了原先僵化体制对经济的制约，并且强化了人们生产的积极性。在这一经济体制下，人们逐步形成互通有无的市场观念，自主性也大大提高。通过改革，城市经济生活呈现出前所未有的活跃局面，原来僵化的高度集中的计划经济体制开始被冲破，我国出现了前所未有的农业和工业、农村和城市、改革和发展相互促进的生动局面。

20世纪90年代，经济改革开放脚步有所放缓。1992年邓小平南方谈话为推进改革开放打入一针"强心剂"。借着南方谈话的东

---

① 《中国共产党的一百年》，中共党史出版社2022年版，第704页。

风,党的十四大提出我国经济体制改革的目标是建立社会主义市场经济体制。1993年11月,党的十四届三中全会召开,通过了《中共中央关于建立社会主义市场经济体制若干问题的决定》。这次全会的召开,进一步坚定了企业改革创新的信心,也为企业改革指明方向。同年12月,国务院作出了《关于金融体制改革的决定》,为创造金融业与企业互利共赢局面提供了制度支持。1997年,党的十五大提出非公有制经济是我国社会主义市场经济的重要组成部分。1999年宪法修正案将这一表述写入宪法,极大地释放了民营企业的创造活力。

2002年11月,党的十六大在北京顺利召开,会议提出2020年建成完善的社会主义市场经济体制的改革目标。2003年10月,党的十六届三中全会对建设完善的社会主义市场经济体制作出全面部署。在这个时期,我国改革开放和社会主义现代化建设事业进入了一个新的发展阶段,经济体制改革从体制外围的增量改革进入整体推进阶段。第一,在企业改革方面,从1992年明确提出建立现代企业制度的国企改革方向,到2003年国资委成立,国有企业改革进入国有资产监管时期,同时民营经济得到快速发展,为我国经济的高速增长注入了活力。第二,在财税体制方面,确立了以"分税制"为核心的财政体制框架和以增值税为主的流转税体系。第三,在价格改革方面,取消了生产资料价格双轨制,并进一步放开竞争性商品和服务价格,社会主义市场体系得到较大发展。第四,在对外开放方面,我国成功加入了世界贸易组织,这标志着我国对外开放进入新阶段。中国在改革计划经济体制、发展社会主义市场经济的过程中,一直希望能与世界进行沟通和交流,参与到经济全球化的进程中去,从而实现与其他国家最大程度的资源共享。因此,加入关贸总协定是中国发展的必然要求。1986年7月,中国正式照会关贸总协定总干事,要求恢复中国关贸总协定缔约国地位,此后便开始了一轮又一轮的"复关"谈判。2001年11月10日,经过15年的艰苦努力,在卡塔尔举行的世界贸易组织第四届部长级会议通过了中国加入世界贸易组织的决定,中国正式成为世贸组织的第143名成员。这既是对社会主义市场经济体制的充分肯定,也给中国政府和企业带来全新挑战。

总体而言,改革开放以来,中国对社会主义经济体制不断摸索完善,结合实际进行创造性变革,建立起社会主义市场经济体制,使我国经济发展的体制环境发生重大变化。

## 三、政治体制改革稳中有进

中国的改革一开始就是包含经济体制改革和政治体制改革等多方面的改革。例如,当农村家庭联产承包制逐步推进时,"政社合一"的人民公社体制便随之改变,乡政权便得以恢复。但在改革的实际进程中,经济体制改革的步子相对较快,政治体制改革的步子相对迟缓。这必然会产生不良效应。尤其是经济体制改革的重心从农村转移到城市后,矛盾愈加凸显。城市改革要求打破原来高度僵化的计划管理体制,让企业拥有较大的自主权,从而在市场经济中充分竞争。但现实却是,政府机构重叠,人员冗多,各自把住权力不放，企业的自主权无法落实。最根本的原因是政治体制不适应经济体制改革的要求。因此变革原有的政治体制势在必行。

1980年8月18日，邓小平在中共中央政治局扩大会议上作了题为《党和国家领导制度的改革》的重要讲话，并得到政治局讨论通过。邓小平在讲话中指出："改革党和国家领导制度及其他制度，是为了充分发挥社会主义制度的优越性，加速现代化建设事业的发展。"①这一重要讲话为后续党和国家的政治体制改革提供了基本指导思想，是我国政治体制改革的纲领性文件。这一时期，政治体制改革主要体现在以下几个方面。第一，实行党政分开、简政放权。1987年10月，党的十二届七中全会讨论原则讨论并通过了《政治体制改革总体设想》方案。1987年10月，党的十三大报告提出"实行党政分开"、党政主要领导职务分任制；划清中央和地方的职责，进一步下放权力；探索"纵向分权"和"横向分类"为内容的干部人事制度改革，下放干部管理权限，将这一阶段的政治体制改革推向高潮。第二，恢复和发展民主法制建设。1979年2月，第五届全国人大常委会第六次会议决定设立全国人大常委会法制委员会，以加强立法工作。同年7月通过的《中华人民共和国人民法院组织法》中规定，"人民法院独立进行审判，只服从法律"。1979年，中共中央提出"取消各级党委审批案件的制度"，保障人民检察院独立行使检察权、人民法院独立行使审判权。1982年宪法首次规定"任何组织或者个人都不得有超越宪法和法律的特权"。这些举措为改革开放初期的民主法制建设奠定了基础。第三，废除人民公社，实行基层

---

① 《邓小平文选》第2卷，人民出版社1994年版，第322页。

# 第三章
## 中国共产党对革故鼎新的探索与实践

民主自治制度。1980年建立了村民委员会、职工代表大会和居民委员会，1982年宪法确认了其法律地位。宪法还作出改变农村人民公社政社合一体制，设立乡政府作为基层政权的规定。1983年10月，中共中央、国务院发出《关于实行政社分开建立乡政府的通知》。1988年实施的《中华人民共和国村民委员会组织法》，1989年全国人民代表大会通过的《中华人民共和国城市居民委员会组织法》，逐步健全基层民主自治的基本制度体系，显著提升了基层民主自治的规范化、制度化、法治化程度。

党的十三届四中全会以后，新一届中央领导集体开始深刻反思中国政治体制改革的理论与实践，对政治体制改革的主攻方向也作了重大调整，停止实行过度化的"党政分开"。一是推行公务员制度。1988年3月，按照七届全国人大一次会议的决定组建了国家人事部，标志着国家公务员制度开始向实施阶段过渡。1989年起开始在国务院6个部门和全国2个城市进行公务员制度的试点工作，考试录用制度、亲属回避制度、人事考核制度、人员培训制度等单项制度的实践在全国范围内试行并取得明显的效果。2000年6月，党中央下发《深化干部人事制度改革纲要》。2002年7月，党中央印发《党政领导干部选拔任用工作条例》，对干部选拔任用工作的重要原则和基本程序作出明确规定，干部人事管理向着科学化、民主化和法治化迈出关键的一步。二是完善人民代表大会制度。加强人民代表大会及其常委会的立法和监督等职能，使依法治国成为治理国家的基本方略。党的十五大提出中国共产党面向新世纪进一步推动政治体制改革的总要求，把政治体制改革提到了突出的位置，勾画了政治体制改革跨世纪的蓝图。1999年正式将依法治国写入宪法。2001年1月,江泽民在全国宣传部长会议上提出把依法治国与以德治国紧密结合起来的治国方略。

进入21世纪,利益结构的深层次变化、国际国内环境的复杂情况,都要求政治体制改革予以回应。这一时期,我国政治体制改革主要体现在以下几个方面。第一,继续改革和完善党的领导方式和执政方式,提高党的执政能力。2004年9月,党的十六届四中全会通过《中共中央关于加强党的执政能力建设的决定》,提出构建社会主义和谐社会,意义深远;提出科学执政、依法执政、民主执政,标志着党对领导方式和执政方式有了全新认识。第二,服务型政府的建设取得重大突破。2003年10月,党的第十六届三中全会提出要在全国范围深入践行建设人民满意的服务型政府的施政目标。2005年3月,十届全国人大三次会议将"努力建设服务型政府"上升为国家意志。2006年10月,党的十六届六中全会通过《中共中央关于构建社会主义和谐社会若干重大问题的决定》,提出"基本公共服务体系更加完备"的目标任务。2007年10月,党的十七大报告提出"行政管理体制改革是深化改革的重要环节",要建设服务型政府。2008年2月,党的十七届二中全会提出深化行政管理体制改革是发展社会主义市场经济和发展社会主义民主政治的必然要求,是政治体制改革的重要内容;全会通过了《关于深化行政管理体制改革的意见》和《国务院机构改革方案》。第三,以党内民主推进人民民主,有序扩大人民的民主政治参与。党的十七大以来,发展完善了民主选举、社会意见征询及各种听证制度,公众通过政府网站、热线电话、公众留言板等手段反映社情民意。这些新兴政治参与形式，使党的政策理念能够准确地反映和代表人民群众的根本利益。

总体而言，我国政治体制改革和经济体制改革是密切结合、协同推进的。进行政治体制改革，是我国社会主义现代化建设总体布局和建设中国特色社会主义的重要组成部分，是对社会主义政治制度的完善和发展。政治体制改革坚持和发展了社会主义政治制度，提高了政府效率和行政能力，为民主良性发展提供了制度支撑，使党和国家焕发新的生机活力。

## 四、教育科技领域推陈出新

党的十一届三中全会以后，我国教育事业逐步恢复和发展。1977年，国家恢复了中断十年的高等学校统一招生考试制度，高等学校的人才培养工作开始步入正轨。高考恢复后，教育体制改革不断取得重要进展。1980年2月，《中华人民共和国学位条例》通过。学位条例的施行，标志着我国学位制度的正式建立。1983年9月，邓小平为北京景山学校题词："教育要面向现代化、面向世界、面向未来"[①]，为我国教育发展和体制改革指明了方向。

1985年中共中央发布《关于教育体制改革的决定》，是我国教育体制改革发端的标志。1986年颁布《中华人民共和国义务教育法》，我国开始有步骤地普及九年制义务教育。由此，基础教育逐步形成了以县、乡为主管理的格局，中小学实行校长负责制，高等学

---

① 《邓小平文选》第3卷，人民出版社1994年版，第35页。

校试行校长负责制，办学自主权逐步扩大。1993年《中国教育改革和发展纲要》的颁布，是我国教育体制改革全面推进的重要标志。这一时期，我国进行的教育体制改革措施包括：适应市场经济改革要求，建立政府对教育事业宏观调控的管理体制；鼓励社会力量参与办学，形成多元化办学和投资体制；扩大高等学校的办学自主权，改变高等教育的部门办学体制；等等。

进入21世纪，我国发展目标发生转变，进入全面建设小康社会的新时期，教育体制改革也随之进入崭新的阶段。在这一时期，农村教育成为教育战略的重点领域，提高质量成为教育发展的迫切要求，均衡和公平成为教育政策的核心理念，构建终身学习体系成为教育改革的重要坐标。

教育体制改革的蓬勃发展不仅为中国教育事业注入全新活力，推动教育事业推陈出新，而且为中国社会科技事业进一步发展奠定了坚实基础。1978年3月，全国科学大会在北京召开，发出"向科学技术现代化进军"的号召。在这次会议上，邓小平着重强调了科学技术现代化对建设社会主义现代化强国的重要性，并系统论述了三个对发展科技事业至关重要的基础性理论问题，即对科学技术是生产力的认识问题、关于建设宏大的又红又专的科学技术队伍、在科学技术部门的各个研究所中怎样实现党委领导下的所长负责制。他指出"社会生产力有这样巨大的发展，劳动生产率有这样大幅度的提高，靠的是什么？最主要的是靠科学的力量、技术的力量"，并且认为"我们向科学技术现代化进军，要有一支浩浩荡荡的工人阶级的又红又专的科学大军，要有一大批世界第一流的科学家、工程技术专家。造就这样的队伍,是摆在我们面前的一个严重任务"。①这表明党对科技发展的客观规律有了新的认识,为改革开放初期恢复和重建科技发展的组织布局奠定了基础。

1982年,党中央提出"经济建设必须依靠科学技术,科学技术工作必须面向经济建设"的指导方针。②1983年,国务院牵头成立了科技工作领导小组,正式开始科技体制改革的试点工作。1985年3月,全国科学技术工作会议在北京召开,会议讨论了科技体制改革的指导思想和实施步骤等重要问题。邓小平在此次会议上作了题为《改革科技体制是为了解放生产力》的讲话。他强调:"新的经济体制,应该是有利于技术进步的体制。新的科技体制,应该是有利于经济发展的体制。双管齐下,长期存在的科技与经济脱节的问题,有可能得到比较好的解决。"③会后,党中央作出《关于科学技术体制改革的决定》,强调要充分发挥科学技术人员的作用,大大解放生产力,促进经济和社会的发展。1988年3月,国务院再度召开全国科技工作会议,对进一步深化科技体制改革作出部署,提出扩大科研机构自主权,从而使其能够自主地面向经济开发实体发挥自身作用。

科技体制改革直接促进了科技事业充满活力。在科技体制改革的政策推动下,相关部门先后开始组织实施面向农村和乡镇企业转移技术的"星火计划"、支持基础性研究的国家自然科学基金、提升高技术研发能力的"863计划"、面向军民技术融合的"军转民科技

---

① 《邓小平文选》第2卷,人民出版社1994年版,第87—91页。
② 《新时期科学技术工作重要文献选编》,中央文献出版社1995年版,第508页。
③ 《邓小平文选》第3卷,人民出版社1994年版,第108页。

开发计划"、促进高技术产业发展的"火炬计划"等,这些计划的实施为20世纪90年代经济的中高速增长增添了科技动力。整个20世纪80年代,中国在十年间累计取得重大科技成果11万多项,其中获国家奖励的近万项,一些领域已经达到或接近世界先进水平。中国在众多高新技术领域实现了全新突破。

1995年5月,中共中央、国务院召开全国科技大会,号召全党和全国人民投身实施科教兴国战略的伟大事业,全面落实"科技是第一生产力"思想,为胜利实现我国现代化建设"三步走"战略目标而努力奋斗,要求各级党委和政府要贯彻好《中共中央、国务院关于加速科学技术进步的决定》(以下简称《决定》)。《决定》对实施科教兴国战略的背景、意义和目标作了详细阐述,并根据世界科技发展趋势和当时的国情,总结了7条科技发展的基本原则,提出到2000年初步建立适应社会主义市场经济体制和科技自身发展规律的科技体制等改革目标。在科教兴国战略的指引下,这一时期的科技工作方针突出三个特点:一是作出科学技术是先进生产力的集中体现和主要标志的重要论断,开始强调创新的重要性;二是把科技和教育摆到国家发展的战略位置来统筹考虑;三是开始谋划和推进国家创新体系建设。

进入21世纪,我国经济在保持高速增长的同时,凸显出科技创新对经济社会发展贡献率偏低等问题,党中央和社会各界一致认识到我国必须进一步提高关键技术自给率、构建以市场为导向的产学研技术创新体系。2005年10月,党的十六届五中全会通过《中共中央关于制定国民经济和社会发展第十一个五年规划的建议》,正式提出建设创新型国家。2006年1月,胡锦涛在全国科学技术大会上作题为《坚持走中国特色自主创新道路 为建设创新型国家而努力奋斗》的重要讲话,系统阐发了建设创新型国家的战略目标及具体措施。至此,建设创新型国家成了全党共识,并被确定为国家发展战略。这一时期,国务院出台相关配套政策措施,在金融支持、税收激励、政府采购、知识产权保护等方面为企业创新提供了10个方面的政策支持。科技部联合有关部门从2009年开始实施国家技术创新工程,科技重大专项、"863"计划等面向企业敞开大门,企业的创新能力和竞争力明显提升,培养和壮大了一批以华为、中兴为代表的创新型企业,形成了多元化的创新主体格局。

总体而言,改革开放和现代化建设新时期,科技体制改革的一条主线是促进科技与经济社会的紧密结合、解放和发展科技生产力,为促进经济社会发展、人民生活改善提供动力和支撑。党的十一届三中全会后,国家先后采取了推动科研机构改革和技术商品化、鼓励科研人员办企业、建立各类高新技术产业开发区、构建产学研相结合的技术创新体系等重大改革措施,并从体制机制、管理方式、制度激励等方面围绕这一主线进行了调整和完善,使得经济社会发展的动力由依靠要素驱动、投资驱动为主向以创新发展驱动为主转变,为提供高质量科技供给、支撑现代化经济体系建设提供了现实条件。

## 五、持续增进民生福祉

改革开放以来,民生制度在民生实践中不断完善,形成了具有中国特色的社会主义民生制度体系。

改革开放伊始,就把解决人民群众的温饱问题作为最大的民生问题,以探索农村的计划经济体制为开始,从小范围的包产到户推广到全国性的家庭联产承包责任制,改变了农村落后贫穷的情况,到 1990 年,我国农村居民生活水平已达到联合国温饱线标准。而后,以城市为重点的经济体制改革全面铺开,推动就业、教育、住房、医疗等民生领域的改革,社会保障体系建设迈出重大步伐。

1986 年,国务院颁布《国营企业实行劳动合同制暂行规定》,以劳动合同制取代统包统配的城镇就业制度,由此确立了劳动者自由流动、用人单位与劳动者双向选择的就业格局。1994 年和 2007 年,全国人大常委会先后制定了《中华人民共和国劳动法》《中华人民共和国劳动合同法》《中华人民共和国就业促进法》《中华人民共和国劳动争议调解仲裁法》,标志着适应市场经济体制的新型劳动就业制度走向法治化,就业作为民生之本成为日益重要的政策目标。

在社会保障领域,1986 年正式进入改革重建时期。为适应国有企业改革,1986 年,国务院出台了《国有企业职工待业保险暂行规定》。1994 年,国务院在江苏省镇江市、江西省九江市推行医保制度改革试点,以缴费型的社会医疗保险制度取代原有的免费型劳保医疗、公费医疗制度。1998 年,国务院正式确定统账结合型的社会医疗保险为新型医保制度模式。养老保险方面,1995 年,国务院出台企业职工养老保险改革方案,以统账结合型的缴费型社会养老保险替代原有的非缴费型退休金制度。2009 年开始为农村居民建立养老保险制度,后又扩展到城镇非就业人群,至 2014 年机关事业单位

## 第三章
中国共产党对革故鼎新的探索与实践

工作人员也采取职工养老保险制度安排，新型社会养老保险制度在中国得到了全面确立。在这一时期，社会救助也从原有的单项政策性救济走向综合型救助制度，1999年颁布的《城镇居民最低生活保障条例》与2014年颁布的《社会救助暂行办法》是社会救助走向制度化的两个标志性行政法规。2010年制定的《中华人民共和国社会保险法》，规定了我国社会保障体系以权利义务相结合的社会保险为主体。2012年，实现了基本养老保险制度全覆盖。

在住房保障领域，1994年国务院发布的《关于深化城镇住房制度改革的决定》，首次提出将住房实物福利分配改为工资货币分配，建立中低收入者住经济适用房、高收入者住商品房的供应体系，并在上海试点的基础上建立全国性的住房公积金制度。由此开始，政府主导的、基于公平正义的责任分担原则、对低收入群体提供基本住房保障的制度开始建立。

在医疗卫生领域，随着经济社会发展变化，党与时俱进地对医疗卫生事业发展作出全新部署。党的十一届三中全会后，邓小平强调医疗卫生部门必须把社会效益放在首位。1996年，江泽民提出："以农村为重点，预防为主，中西医并重，依靠科技教育，动员全社会参与，为人民健康服务。"[1]2010年，胡锦涛提出："建立健全覆盖城乡居民的基本医疗卫生制度，为群众提供安全、有效、方便、廉价的医疗卫生服务，是党和政府义不容辞的责任，是保障和改善民生、促进人的全面发展的必然要求。"[2]改革开放后，为满足人民群

---

[1]《江泽民文选》第1卷，人民出版社2006年版，第599页。
[2]《论构建社会主义和谐社会》，中央文献出版社2013年版，第185页。

众的需要，党和政府在提高医疗机构活力、增加医疗卫生资源供给、增强医疗卫生服务等方面不断深化改革。1989年，国务院发布《关于建立城镇职工基本医疗保险制度的决定》，在全国建立覆盖全体城镇职工的基本医疗保险制度。2002年，中央提出建立以大病统筹为主的新型农村合作医疗制度，极大改善了农村人口医疗保障水平。2009年，中共中央、国务院发布《关于深化医药卫生体制改革的意见》，提出了缓解看病难、看病贵的五项重点改革措施，以及建立城乡居民基本医疗卫生制度全覆盖的远景目标。经过多轮医疗卫生体制改革，我国医疗卫生事业加快发展，人民群众整体健康水平显著提高。

总体而言，为适应市场经济改革的要求与社会发展进步的需要，自20世纪80年代以来，各项民生保障制度深刻变革，新型制度安排在不断探索中得到了基本确立。

## 六、对外开放实现全新突破

党的十一届三中全会前，在同国际社会日益密切的交流中，对外开放政策即开始酝酿。党中央先后派出多个代表团出访欧洲、日本、东南亚等地，出访带回世界发展的客观情况，促使党中央作出对外开放的决策。1978年10月，邓小平在接见外国代表团时表示"要实现四个现代化，就要善于学习，大量取得国际上的帮助。要引进国际上的先进技术、先进装备，作为我们发展的起点"，我们实行对外开放政策，"好的传统必须保留，但要根据新的情况来确定新的政策"。① 当时实行对外开放,主要是通过吸引和利用外资、兴办中外合资经营企业和中外合作经营企业等途径实现的。在大规模引进国外先进技术设备的过程中,我国利用有利的国际环境,不断拓宽利用外资渠道,积极探索运用国际通行的外资投资方式来加快我国的现代化建设。

对外开放蓬勃发展的同时,我国进行了兴办经济特区的伟大创举。早在1978年4月,国家计委、外贸部派遣人员赴香港、澳门等地考察后,就向党中央提出建议,借鉴港澳的经验,将靠近港澳的广东宝安、珠海划为出口基地,力争在内地建设具有相当水平的对外生产基地、加工基地和吸引港澳同胞的游览区。1979年1月6日,广东省和交通部共同递交了《关于我驻香港招商局在广东宝安建立工业区的报告》。1月31日,李先念代表党中央批准了这一报告,将蛇口以南的半岛部分土地交招商局建立广东宝安工业区。同月,广东省将宝安县改为深圳市,珠海县改为珠海市,开发建设出口基地。此后,广东省委提出,广东的对外开放应该先走一步。同年6月,广东、福建两省分别向党中央上报了《关于发挥广东优越条件,扩大对外贸易,加快经济发展的报告》《关于利用侨资、外资,发展对外贸易,加快福建社会主义建设的请示报告》。同年7月,中共中央、国务院批转了广东省委、福建省委的报告,确定"对两省对外经济活动实行特殊政策和灵活措施,给地方以更多的主动权,使之发挥优越条件,抓紧当前有利的国际形势,先走一步,把经济尽快搞上去",并强调"这是一个重要的决策,对加速我国的

---

① 《邓小平文选》第2卷,人民出版社1994年版,第133页。

四个现代化建设,有重要的意义"。[1]党中央还原则同意试行两省报告所建议的经济管理体制改革方法。

1980年5月,中央正式将"出口特区"定名为"经济特区",并明确提出,特区要积极吸收侨资、外资,引进外国先进技术和管理经验;必须采取既积极、又慎重的方针,逐步实施;特区的管理,在坚持四项基本原则和不损害国家主权的条件下,可以采取与内地不同的体制和政策;特区主要是实行市场调节。这进一步确立了特区的地位,同时又明确了特区的社会主义性质。兴办经济特区,本质上是通过在特区实行一系列不同于国内其他地区的特殊政策和管理体制,从而找到一条打破僵化的计划管理体制、尽快把经济搞上去的新路。特区通过实行不同于内地的管理体制,拥有了更大的自主权。作为一项新生事物,经济特区的建设是在探索中边总结经验边开拓发展。在这一政策推动下,来自全国各地的特区建设者们筚路蓝缕、艰苦创业,在短短几年的时间内,就将深圳、珠海等昔日落后的边陲小镇和荒滩渔村,建设成为走在全国前列的现代化城市,创造了敢闯敢试、敢为人先、埋头苦干的特区精神。经济特区也成为我国改革开放的重要窗口。

20世纪90年代,中国共产党在严峻复杂的国际环境中,坚持对外开放的基本国策,推动我国对外开放迈出重大步伐。党的十四大提出,对外开放的地域要扩大,形成多层次、多渠道、全方位开放的格局。党的十五大进一步提出,对外开放是一项长期的基本国策,"要以更加积极的姿态走向世界,完善全方位、多层次、宽领域

---

[1]《改革开放三十年重要文献选编》(上),中央文献出版社2008年版,第53页。

第三章
中国共产党对革故鼎新的探索与实践

的对外开放格局,发展开放型经济,增强国际竞争力"①。由此,党中央、国务院采取一系列重大举措,大力推进对外开放。这一时期,我国先后建立起一批经济技术开发区和保税区,同时明确了以浦东开发区为龙头带动长江流域经济起飞的发展战略,确定要在21世纪初把上海建成国际经济、金融、贸易中心。

1992年,我国对外开放迈出新步伐。一是以上海浦东为龙头,开放芜湖、九江、岳阳、武汉、重庆5个沿江城市和三峡库区;二是开放哈尔滨、长春、呼和浩特、石家庄4个边境、沿海地区省会城市;三是开放珲春、绥芬河、黑河、满洲里、二连浩特、伊宁、塔城、博乐、瑞丽、畹町、河口、凭祥、东兴13个沿边城市,鼓励沿边城市发展边境贸易和与周边国家的经济合作;四是开放太原、合肥、南昌、郑州、长沙、成都、贵阳、西安、兰州、西宁、银川11个内陆省会城市。随后几年,又陆续开放了一大批符合条件的内陆市县。到1997年,我国对外开放的一类口岸达到235个,二类口岸达到350个,逐步形成了从沿海到沿江、从沿边到内陆,多层次、多渠道、全方位对外开放新格局。

2000年后,对外开放进一步向全国广大腹地延展,全方位对外开放格局更加完善。对外开放步入经济全球化阶段。2001年,在经济全球化迅速发展的背景下,我国正式加入了世界贸易组织,这使中国从渐进式、局部性的对外开放转为大推进式、全方位的对外开放,标志着我国对外开放向体制性开放转变,有力地促进了经济进一步发展。但机遇与挑战并存。2008年国际金融危机后,我国意识

---

① 《江泽民文选》第2卷,人民出版社2006年版,第26—27页。

到传统的经济增长方式需要进行改变，出口拉动型的经济增长方式很容易受到环境、资源等因素的限制，提升对外开放的水平及质量成为对外开放的主要目标。对外开放的全方位发展，对经济体制改革和现代化建设产生深刻影响，标志着我国对外开放进入新的阶段。

经过多年系统实践，中国对外开放的大门越打越开，实现了由南向北、由东向西的层层推进，在全国范围内形成了"经济特区—沿海开放城市—沿海经济开发区—沿江和内陆开放城市—沿边开放城市"的全方位多层次、以点带面、共享发展成果的对外开放新格局。

## 第四节　为全面深化改革开放而进行的革故鼎新

党的十八大以来，中国特色社会主义进入新时代。以习近平同志为核心的党中央，坚持把马克思主义基本原理同中国具体实际相结合、同中华优秀传统文化相结合，对时代发展的重大理论和实践问题进行了深刻思考，就新时代坚持和发展什么样的中国特色社会主义、怎样坚持和发展中国特色社会主义，建设什么样的社会主义现代化强国、怎样建设社会主义现代化强国，建设什么样的长期执政的马克思主义执政党、怎样建设长期执政的马克思主义执政党等重大时代课题，提出了一系列提纲挈领式的新理念、新思想、新战略。

第三章
中国共产党对革故鼎新的探索与实践

中国共产党人在全面深化改革开放的新时代，以强烈的历史使命推进党和国家的各项建设，推动党和国家事业取得历史性成就、发生历史性变革。

## 一、全面深化改革提质升级

改革开放后，党紧紧抓住经济建设这个中心任务，领导广大人民埋头苦干，创造出举世瞩目的发展奇迹，国家经济实力大幅跃升。同时，由于一些地方和部门片面追求发展速度和规模，导致结构性、体制性矛盾不断积累，发展不平衡、不协调、不可持续问题突出。党的十八大以来，党中央坚持稳中求进的工作总基调，提出一系列关乎我国经济发展全局的重大判断，回答了经济形势怎么看、经济问题怎么干的重大问题，推动经济发展取得创新性发展。

2012年12月，中央经济工作会议明确提出必须切实加强党对经济工作的领导。此后，党中央不断加强对经济工作的战略谋划和统一领导，完善相关体制机制，加强对发展大局的分析把握，确保党对经济工作的领导落到实处，为推动各方面共同做好经济工作提供了重要保障。自由贸易试验区建设是党中央把改革开放向纵深推进的重要抓手。2013年8月，国务院正式批准设立中国（上海）自由贸易试验区（以下简称自贸试验区）。同年9月，《中国（上海）自由贸易试验区外商投资准入特别管理措施（负面清单）（2013年）》发布，是中国首次用负面清单管理外商对华投资。设立自贸试验区，主要任务是按照先行先试、风险可控、分步推进、逐步完善的方式，把扩大对外开放与体制改革相结合、把培育功能与政策创新相结合，形成与国际投资、贸易通行规则相衔接的基本制度框架。

此后，自由贸易试验区逐步扩大到21个省（区、市）。2015年，广东、天津、福建自贸试验区设立。2017年，辽宁、浙江、河南、湖北、重庆、四川、陕西自贸试验区设立。2018年，海南自贸试验区设立。2019年，山东、江苏、广西、河北、云南、黑龙江自贸试验区设立。增设上海自贸试验区临港新片区。2020年，北京、湖南、安徽自贸试验区设立。2023年，新疆自贸试验区设立。十多年来，各自贸试验区坚决贯彻落实党中央、国务院决策部署，锐意进取、勇于突破，充分发挥了新时代改革开放试验田作用，为高质量发展作出了重要贡献。据统计，2022年，21个自贸试验区以不到千分之四的国土面积，贡献了占全国18.1%的外商投资和17.9%的进出口总额，2023年上半年进一步提升到18.4%和18.6%。[①] 自贸试验区成为新时代改革开放新高地。

十多年来，诸多"第一""首家"成为自贸试验区争当改革开放排头兵的鲜明印记。在上海，率先推行外商投资准入负面清单。上海施行的自贸试验区外商投资准入负面清单经过7次缩减，条目由原先的190项缩减至现在的27项，制造业条目全部归零；全国版外商投资准入负面清单从2017年的93项缩减至2022年的31项，外商投资准入的开放水平迈上新台阶。在海南，首次推出我国跨境服务贸易负面清单，在专业服务、交通运输、金融、教育等跨境服务贸易领域提出针对性开放措施，推动我国服务贸易管理模式与国际

---

① 谢希瑶等：《向着更高水平：中国自贸试验区这十年》，《求是》2023年第24期。

高标准经贸规则更好对接。同时,各个自贸试验区还依托自身特色和国家战略,敢闯敢干、勇于创新。北京自贸试验区加快打造服务业扩大开放先行区、数字经济试验区,着力构建京津冀协同发展的高水平对外开放平台;广东自贸试验区在探索粤港澳经济合作新模式上率先挖掘改革潜力;海南自由贸易港稳步推进中国特色自由贸易港建设……如今,自贸试验区建设已融入京津冀协同发展、长江经济带发展、长三角一体化发展、粤港澳大湾区建设等国家重大战略之中,为服务全国改革开放大局发挥重要作用。

自贸试验区这十多年来的迅猛发展,为明确产业发展方向、推动产业集成创新、优化产业发展环境作出重要贡献。依托自贸试验区,我国经济发展得以聚焦特色重点产业深化差别化探索,开展全链条集成创新,从而助力加快建设现代化产业体系,为新时代中国经济建设开创新兴赛道。

## 二、政治体制改革迈出重大步伐

党的十八大以来,党高度关注全面依法治国这一政治主线,抓住提高立法质量这一关键问题,促使科学立法、民主立法、依法立法水平不断提高。2015年3月,十二届全国人大三次会议对有"管法的法"之称的立法法作出重要修改,进一步明确立法权限,赋予设区的市地方立法权。这一修改对于更好发挥立法引领和推动改革的作用,建设社会主义法治国家意义深远。为克服部门立法存在的弊端,全国人大常委会出台《关于建立健全全国人大专门委员会、常委会工作机构组织起草重要法律草案制度的实施意见》。与此同时,为实现立法和改革决策相衔接,做到重大改革于法有据、立法主动适应改革发展需要,使法治始终与改革同频共振,全国人大常委会按照法定程序作出授权决定,为局部地区或者特定领域先行先试提供法律依据和支持。十二届全国人大常委会先后就开展人民陪审员制度改革试点、开展公益诉讼改革试点、开展农村承包土地的经营权和农民住房财产权抵押贷款试点等作出授权决定,明确规定了授权的范围、内容和期限,确保改革在法制框架内依法有序推进。

在司法实践中,全国人大常委会还制定出台立法项目征集和论证工作规范,健全立法专家顾问制度,建立基层立法联系点制度,明确常委会初次审议和继续审议的法律草案及时向社会公布征求意见;建立并实施法律案通过前评估制度等措施,最大限度凝聚立法共识,使立法更加科学缜密,确保法律立得住、行得通、真管用。据统计,十二届全国人大及其常委会共制定出台法律25件,修改法律127件次,通过有关法律问题和重大问题的决定46件次,作出法律解释9件。[①] 新时代立法工作呈现出数量多、分量重、效果好的显著特点,推动以宪法为核心的中国特色社会主义法律体系更加完善。

与此同时,党还以创新精神积极推动纪检监察体制改革,领导完善党和国家监督体系,从而加强对权力的制约和监督。党的十八届三中全会提出,推动党的纪律检查工作双重领导体制具体化、程序化、制度化,强化上级纪委对下级纪委的领导。2015年12月,中央纪委通过单独派驻和综合派驻相结合,在党的历史上首次实现

---

[①]《中国共产党的一百年》,中共党史出版社2022年版,第1015页。

# 第三章
## 中国共产党对革故鼎新的探索与实践

了对中央一级党和国家纪检派驻机关全覆盖。党推动设立国家监察委员会和地方各级监察委员会,构建巡视巡察上下联动格局,构建以党内监督为主导、各类监督贯通协调的机制,从而加强对权力运行的制约和监督。党的十八大后的5年内,中共中央先后组织开展12轮巡视,巡视277个党组织,对16个省区市开展"回头看",对4个中央单位进行"机动式"巡视,在党的历史上首次实现一届任期内巡视全覆盖。同时,各省区市党委也完成了巡视全覆盖任务,全部开展市县巡查,67家中央单位探索开展巡视工作,对中央企业实现全面巡视,形成巡视巡察上下联动的格局,巡视利剑作用得到彰显。总结党的十八大以后巡视工作的成功经验,党中央于2015年、2024年两次修订《中国共产党巡视工作条例》(以下简称《条例》),为深入推进巡视工作提供了更为完善的制度保障。

最新修订的《条例》,对于巡视监督内容做出完善,进一步明确了巡视工作应当紧盯权力和责任加强政治监督,严密政治纪律和政治规矩,并且对巡视工作程序、方式和权限在总结实践经验的基础上做了规范和完善:一是进一步强化对反映领导干部问题线索的了解,明确"巡视组对反映被巡视党组织领导班子及其成员的重要问题和问题线索,应当进行深入了解"。二是进一步强化巡视期间立行立改、边巡边查,强调及时督促被巡视党组织解决群众反映强烈的突出问题,推动纪检监察机关处置反映集中的党员、干部涉嫌违纪违法的问题线索。三是进一步强化精准报告问题,将巡视报告问题底稿制度、巡视组与被巡视党组织主要负责人沟通制度等写入《条例》。四是进一步规范巡视移交、通报的内容和方式,明确规定"对巡视发现的普遍性、倾向性问题和体制机制等方面的重大问题，可以采取制发巡视建议书或者其他适当方式，向有关职能部门提出加强监管、健全制度、深化改革等意见建议"。巡视制度的进一步完善，充分展示了党勇于亮剑的斗争精神，对推动巡视工作高质量发展具有重要意义。

依托立法司法工作的全方位革新，党的政治建设在新时代迈出重大步伐。党以坚定的政治自信，推进全面依法治国，不断完善党的领导体制机制，促使社会主义法治国家建设取得历史性成就，社会主义民主制度的优越性得到更好发挥，全面推进社会主义民主的制度化、规范化和程序化。

## 三、民生改善卓有成效

改革开放以来，我国人民生活不断改善，社会治理日益完善。随着时代发展进步，人民对美好生活的向往更加强烈，对民主、法治、公平、正义、安全、环境等方面的要求日益增长。党的十八大以来，以习近平同志为核心的党中央始终将人民对美好生活的向往作为奋斗目标，把增进民生福祉作为立党为公、执政为民的本质要求，坚持以人民为中心的发展思想，从人民群众最关心最直接最现实的利益问题入手，大力保障和改善民生，从而让人民群众享有实实在在的获得感。

收入是民生之源。党和政府坚持按劳分配原则，努力建设体现效率、促进公平的收入分配体系，拓宽居民劳动收入和财产性收入渠道，完善按要素分配的体制机制。同时，在坚持居民收入增长和经济增长同步、劳动报酬提高和劳动生产率提高同步的条件下，调节过高收入，取缔非法收入，增加低收入者收入，努力扩大中等收入群体，促进收入分配更合理、更有序。据统计，2013年到2017年，全国居民人均可支配收入从18311元增长到25974元。2017年，城乡居民人均可支配收入之比为2.71，比2012年下降0.17。①

就业是最大的民生。党的十八大以来，党和政府深入实施就业优先战略和更加积极的就业政策，推动实现更加充分、更高质量的就业。2015年4月、6月，国务院先后印发《关于进一步做好新形势下就业创业工作的意见》《关于大力推进大众创业万众创新若干政策措施的意见》，深入实施就业优先战略。通过各方面努力，就业工作取得重大进展，就业规模持续扩大，就业形势保持总体稳定。从2022年看，全国城镇新增就业1206万人，重点群体就业基本稳定，脱贫人口务工规模达3278万人，同比增加133万人；市场供求保持活跃状态，100个城市公共就业服务机构岗位空缺与求职人数的比率为1.46。②党中央积极推进产业工人队伍建设改革，大规模培养技术技能人才特别是高技能人才，推动建设宏大的知识型、技术型、创造型劳动者大军。

社会保障不仅与人民幸福安康息息相关，而且关乎国家长治久安。党的十八大以来，社会保障工作全面发力，参保范围扩大，待遇稳步提高，公共服务能力持续提升。党和政府领导建立全面统一

---

① 《中国共产党的一百年》，中共党史出版社2022年版，第1040页。
② 《实施就业优先战略》，《人民日报》2023年4月18日第5版。

的城乡居民基本养老、医疗保险制度，普遍实施机关单位养老保险制度，启动养老保险基金投资运营和基金中央调剂，全面实施大病保险制度，制度的公平性和可持续性显著加强。2017年，全国参加城镇职工基本养老保险人数40199万人，参加城乡居民基本养老保险人数51255万人，参加基本医疗保险人数117664万人，基本实现全民参保；失业、工伤、生育保险的参保人数，均为2亿左右。[1] 社会保障覆盖从城镇扩大到乡村，从国有企业扩大到各类企业，从就业群体扩大到非就业或就业不稳定的群体，在党的领导下，中国建立起了世界上覆盖人数最多的社会保障体系。在扩大保障覆盖面的同时，还显著提高了保障水平。

这一时期，党中央着眼统筹解决关系人民健康的重大和长远问题，提出建设健康中国的战略任务。2016年10月印发的《"健康中国2030"规划纲要》，对健康中国建设作出全面部署。在中央部署下，医药卫生体制改革坚持医疗、医保、医药"三医"联动，取得许多新进展。通过医疗联合体建设和远程医疗等手段，基层医疗卫生机构大为加强，县乡村医疗卫生服务网络逐步完善。全科医生队伍建设步伐加快，家庭医生签约覆盖面不断扩大，分级诊疗模式基本形成，初步扭转了大医院人满为患、基层医疗机构业务萎缩的状况。

新时代以来，在以习近平同志为核心的党中央坚强领导下，我们党书写了不负人民的发展答卷，人民生活全方位改善。从打赢脱贫攻坚战，近1亿农村贫困人口脱贫，到高效统筹疫情防控和经济社会发展，取得疫情防控重大决定性胜利；从居民人均可支配收入

---

[1] 《中国共产党的一百年》，中共党史出版社2022年版，第1042页。

增长到 36883 元。到建成世界上规模最大的教育体系、社会保障体系、医疗卫生体系……十年砥砺奋进，民生福祉不断增加，百姓幸福感成色更足。党和政府在收入分配、就业、社会保障、医药卫生等领域，推动实现了一系列新进展，取得了一系列新成就，使改革发展的成果更多、更公平地惠及全体人民，人民获得感、幸福感、安全感更加充实、更有保障、更可持续。

## 四、生态文明制度体系日趋完善

生态文明建设是关乎中华民族永续发展的根本大计。它不仅是关系党的使命宗旨的重大政治问题，也是关乎民生的重大社会问题。党的十八大以来，党中央对此开展了一系列根本性、开创性、长远性工作。2013 年 11 月，党的十八届三中全会将"生态文明体制改革"纳入全面深化改革的目标体系，提出紧紧围绕建设美丽中国深化生态文明体制改革，加快建立生态文明制度，健全国土空间开发、资源节约利用、生态环境保护的体制机制，推动形成人与自然和谐发展现代化建设新格局。2014 年 10 月，党的十八届四中全会提出，用严格的法律制度保护生态环境，加快建立有效约束开发行为和促进绿色发展、循环发展、低碳发展的生态文明法律制度。2015 年 4 月，中共中央、国务院印发《关于加快推进生态文明建设的意见》，明确了生态文明建设的总体要求、目标愿景、重点任务、制度体系，提出坚持把节约优先、保护优先、自然恢复为主为基本方针，坚持把绿色发展、循环发展、低碳发展作为基本途径，坚持把深化改革和创新驱动作为基本动力,坚持把培育生态文化作为重要支撑,坚持把重点突破和整体推进作为工作方式。

推进能源资源全面节约,推动能源生产和消费革命,是党中央推动绿色发展的重点领域。"十三五"规划提出实行能源和水资源消耗、建设用地等总量和强度双控行动,从源头上减少污染物排放,倒逼经济发展方式转变。据统计,2017年全国万元国内生产总值用水量比2012年降低30%,万元工业增加值用水量降低32.9%,农田灌溉水有效利用系数由0.516提高到0.548,重要江河湖泊水功能区水质达标率由63.5%提高至76.9%。在节约用地方面,严控新增建设用地规模,将全国新增建设用地总量不超过3256万亩作为约束性指标。在优化能源结构方面,减少煤炭使用,增加清洁能源使用。2017年,煤炭在中国能源消费中的比重为60.6%,比2012年下降7.9个百分点;天然气、水电、核电、风电等清洁能源消费比重从2012年的14.5%提升至2017年的20.5%。[①] 全面节约资源有效推进,资源消耗强度大幅下降。

不仅如此,党中央把环境治理作为重大民生实事紧紧抓在手上,坚持以预防为主、综合治理,强化大气、水、土壤等污染防治,坚决向污染宣战。为切实改善空气质量,2013年9月,国务院印发《大气污染防治行动计划》,提出形成政府统领、企业施治、市场驱动、公众参与的大气污染防治新机制,实施分区域、分阶段治理。在大气污染防治工作深入推进的过程中,水污染防治工作也在不断加强。2015年4月,国务院印发《水污染防治行动计划》,对水污

---

① 《中国共产党的一百年》,中共党史出版社2022年版,第1054页。

染防治的总体要求、工作目标和主要指标等作出明确规定。2016 年 11 月，中央办公厅、国务院办公厅印发《关于全面推行河长制的意见》，全国江河湖泊开始全面推行河长制。经过不懈努力，水污染防治取得积极成效。

党的十八大把生态文明建设纳入"五位一体"总体布局，以前所未有的力度狠抓生态文明建设，全党全国推动绿色发展的自觉性和主动性显著增强，美丽中国建设迈出重大步伐，我国生态环境保护发生历史性、转折性、全局性变化。党从解决突出生态环境问题入手，点面结合、系统治理、标本兼治。面对生态环境严峻形势，以猛药去疴、重典治乱的坚强决心和有力举措，坚决查处一批破坏生态环境的重大典型案件，解决一批人民群众反映强烈的突出生态环境问题，集中力量打好蓝天、碧水、净土保卫战，有效遏制了生态环境恶化的势头。推进精准治污、科学治污、依法治污，统筹山水林田湖草沙一体化保护和系统治理，完善生态环保法律制度体系，深化生态文明体制改革，生态环境治理水平显著提高。

## 五、深化国防和军队改革

改革开放以后，人民军队革命化现代化正规化水平不断提高，国防实力日益加强，为国家改革发展稳定提供了可靠安全保障。面对日益深刻变化的国际格局和国家安全环境，需要建设同我国国际地位相称、同国家安全和发展利益相适应的巩固国防和强大人民军队。2012 年 12 月，习近平主席首次提出了"强军梦"，强调：强国梦，对于军队来讲，也是强军梦。我们要实现中华民族伟大复兴，一定要坚持富国和强军相统一，建设巩固国防和强大军队。实现强军梦，必须明确回答新时代建设一支什么样的强大人民军队、怎样建设强大人民军队这一根本问题。2012年底，习近平主席提出，为建设一支听党指挥、能打胜仗、作风优良的人民军队而奋斗。2016年2月，习近平主席在中央军委扩大会议上进一步提出了实现强军目标、建设世界一流军队的要求。

强军目标要求必须深化国防和军队改革。面对长期制约国防和军队建设的体制性障碍、结构性矛盾、政策性问题，不改革、不全面改革、不彻底改革，就无法成为一支能打胜仗的优良军队。改革，是军队发展的关键一招。党中央和中央军委以改革为抓手，领导开展新中国成立以来最为广泛、最为深刻的国防和军队改革，勇于向顽瘴痼疾开刀，破除各方面体制机制弊端，形成推进改革强军的强大势场。

在习近平总书记的提议下，党的十八届三中全会把深化国防和军队改革单列为一个部分写入全会决定中，纳入全面深化改革总体布局、上升为党的意志，这在党的历史上是首次。2014年3月，中央军委深化国防和军队改革领导小组召开第一次全体会议，此后陆续成立相关工作机构，对改革方案做研究论证和拟制工作。2015年7月，《深化国防和军队改革总体方案》审定通过，一系列关于解决军队深层次矛盾问题的改革设计方案破茧而出。同年11月，中央军委召开改革工作会议，对深化国防和军队改革进行总体部署，要求全面实施改革强军战略。改革取得历史性突破，重构人民军队领

# 第三章
中国共产党对革故鼎新的探索与实践

导指挥体制、现代军事力量体系、军事政策制度,裁减现役员额30万,形成了军委管总、战区主战、军种主建新格局。

党的二十大报告对实现建军一百年奋斗目标作出部署安排。报告要求全面加强人民军队党的建设,确保枪杆子永远听党指挥。健全贯彻军委主席负责制体制机制。深化党的创新理论武装,开展"学习强军思想、建功强军事业"教育实践活动。加强军史学习教育,繁荣发展强军文化,强化战斗精神培育。建强人民军队党的组织体系,推进政治整训常态化制度化,持之以恒正风肃纪反腐。报告提出要全面加强练兵备战,提高人民军队打赢能力。研究掌握信息化智能化战争特点规律,创新军事战略指导,发展人民战争战略战术。打造强大战略威慑力量体系,增加新域新质作战力量比重,加快无人智能作战力量发展,统筹网络信息体系建设运用。深入推进实战化军事训练,深化联合训练、对抗训练、科技练兵。加强军事力量常态化多样化运用,坚定灵活开展军事斗争,塑造安全态势,遏控危机冲突,打赢局部战争。报告明确全面加强军事治理,巩固拓展国防和军队改革成果,完善军事力量结构编成,体系优化军事政策制度。加强国防和军队建设重大任务战建备统筹,加快建设现代化后勤,实施国防科技和武器装备重大工程,加速科技向战斗力转化。深化军队院校改革,建强新型军事人才培养体系,创新军事人力资源管理。加强依法治军机制建设和战略规划,完善中国特色军事法治体系。巩固提高一体化国家战略体系和能力。优化国防科技工业体系和布局,加强国防科技工业能力建设。深化全民国防教育。加强国防动员和后备力量建设,推进现代边海空防建设。加强军人军属荣誉激励和权益保障，做好退役军人服务保障工作。巩固发展军政军民团结。

面对世界环境新动态，我国主导实施了科技强军战略，建设新型人民军队与强大的现代化后勤保障。通过实施人才强军战略，确立新时代军事教育方针，推动构建三位一体的新型军事人才培养模式，培育有灵魂、有本事、有血性、有品德的新时代革命军人，从而锻造出铁一般信仰、铁一般信念、铁一般纪律、铁一般担当的过硬部队。可以说，党的十八大以来，在党中央的坚强领导下，人民军队实现历史性革新，极大提高了部队备战打仗能力，促使我国国防体系进一步完善，从而更好地履行新时代使命任务。新时代强军事业取得历史性成就、发生历史性变革，根本在于习近平强军思想的科学指引。十年奋斗走过不平凡历程，十年之功开创历史性伟业，具有里程碑意义。赓续光荣传统的英雄人民军队由内而外发生脱胎换骨的变化，锻造了信仰坚定、绝对忠诚的政治灵魂，熔铸了自信自立、敢斗善斗的血性胆魄，为加快把人民军队建成世界一流军队提供了更巩固的政治基础、更硬核的能力支撑、更主动的精神力量。

## 六、党的自我革命走向深入

党政军民学，东西南北中，党是领导一切的，是最高的政治力量。党作为最高领导力量，不仅要带领人民进行伟大社会革命，也要进行伟大的自我革命。勇于自我革命是中国共产党区别于其他政党的显著标志，也是党跳出治乱兴衰的历史周期率的根本保证。习近平总书记指出："我们党历史这么长、规模这么大、执政这么久，如何跳出治乱兴衰的历史周期率？毛泽东同志在延安的窑洞里给出了第一个答案，这就是'只有让人民来监督政府，政府才不敢松懈'。经过百年奋斗特别是党的十八大以来新的实践，我们党又给出了第二个答案，这就是自我革命。"① 勇于自我革命和接受人民监督是内在一致的，都源于党的初心使命。一百多年来，党外靠发展人民民主、接受人民监督，内靠全面从严治党、推进自我革命，勇于坚持真理、修正错误，勇于刀刃向内、刮骨疗毒，保证了党长盛不衰、不断发展壮大。党的十八大以来，以习近平同志为核心的党中央坚持自我革命，把全面从严治党纳入"四个全面"战略布局，以前所未有的勇气和定力推进党风廉政建设和反腐败斗争，不断深化对党的自我革命的认识，积累了丰富实践经验，形成了一系列重要理论成果，系统回答了我们党为什么要自我革命、为什么能自我革命、怎样推进自我革命等重大问题。

党的十八大以来，习近平总书记在多个场合强调推进党的自我革命的极端重要性，要求把党的自我革命摆在管党治党方略的重要地位。2015年，习近平总书记在中央全面深化改革领导小组第十二次会议上强调："要教育引导各级领导干部自觉用'四个全面'战略布局统一思想，正确把握改革大局，从改革大局出发看待利益关系调整，只要对全局改革有利、对党和国家事业发展有利、对本系统本领域形成完善的体制机制有利，都要自觉服从改革大局、服

---

① 《习近平著作选读》第1卷，人民出版社2023年版，第146页。

## 读懂革故鼎新

务改革大局，勇于自我革命，敢于直面问题，共同把全面深化改革这篇大文章做好。"①2016年，习近平总书记在庆祝中国共产党成立九十五周年大会上强调："全党要以自我革命的政治勇气，着力解决党自身存在的突出问题，不断增强党自我净化、自我完善、自我革新、自我提高能力，经受'四大考验'、克服'四种危险'，确保党始终成为中国特色社会主义事业的坚强领导核心。"②2017年，习近平总书记在党的十九大报告中强调："勇于自我革命，从严管党治党，是我们党最鲜明的品格。"③中国共产党的品格是在长期的实践中逐渐形成的，与时俱进是党的理论品格，实事求是是党的思想品格，联系群众是党的作风品格，纪律严明是党的组织品格，而勇于自我革命则是党最鲜明的政治品格，也是党最大的优势。2018年，习近平总书记在庆祝改革开放40周年大会上强调："我们党只有在领导改革开放和社会主义现代化建设伟大社会革命的同时，坚定不移推进党的伟大自我革命，敢于清除一切侵蚀党的健康肌体的病毒，使党不断自我净化、自我完善、自我革新、自我提高，不断增强党的政治领导力、思想引领力、群众组织力、社会号召力，才能确保党始终保持同人民群众的血肉联系。"④

在习近平总书记关于党的自我革命的重要思想指引下，新时代以来党的自我革命走向深入，全面从严治党取得历史性成就、发生

---

① 《习近平谈治国理政》第2卷，外文出版社2017年版，第104页。
② 《十八大以来重要文献选编》（下），中央文献出版社2018年版，第355页。
③ 《决胜全面建成小康社会　夺取新时代中国特色社会主义伟大胜利——在中国共产党第十九次全国代表大会上的报告》，人民出版社2017年版，第26页。
④ 《习近平著作选读》第2卷，人民出版社2023年版，第229页。

## 第三章
中国共产党对革故鼎新的探索与实践

历史性变革。

第一,在思想建设方面。党的十九大强调要把坚定理想信念作为党的思想建设的首要任务,用习近平新时代中国特色社会主义思想武装全党、教育全党,引领全体党员牢记党的宗旨和使命。2019年5月开始的"不忘初心,牢记使命"主题教育,就是新时代深化党的自我革命、推动全面从严治党纵深发展的生动实践。2020年9月,中共中央办公厅印发《关于巩固深化"不忘初心、牢记使命"主题教育成果的意见》,推动主题教育成果各项任务落地起效。2021年,全党开展党史学习教育,使广大党员、干部受到了一次全面深刻的政治教育,大大提升了党的创造力和凝聚力。

第二,在组织建设方面。2018年7月,习近平总书记在全国组织工作会议上提出并阐述新时代党的组织路线:全面贯彻新时代中国特色社会主义思想,以组织体系建设为重点,着力培养忠诚干净担当的高素质干部,着力集聚爱国奉献的各方面优秀人才,坚持德才兼备、以德为先、任人唯贤,为坚持和加强党的全面领导、坚持和发展中国特色社会主义提供坚强组织保证。这就为新时代党的组织和建设工作指明了方向。党中央坚持以新时代党的组织路线为引领,持续整顿软弱涣散的基层党组织,推动基层党组织全面进步、全面过硬,不断增强党的组织体系建设。

第三,在党的作风建设方面。党的十九大后,中央政治局审议通过了关于中央八项规定的实施细则,根据过去几年中央八项规定实施过程中遇到的新情况、新问题,着重对相关内容进一步完善。尤其是密切关注"四风"的苗头性、倾向性、隐蔽性问题,把解决形式主义、官僚主义等问题放在突出位置。党的十九届五中全会明确要求,"持续纠治形式主义、官僚主义,切实为基层减负"。国家统计局2020年底调查显示,95.8%的群众对全面从严治党、遏制腐败充满信心,比党的十八大以前的2012年相关调查提高了16.5个百分点。①

第四,在党的纪律建设方面。为了让广大党员、干部在思想上划出红线、在行为上明确界限,各地区各部门深入开展纪律教育,将纪律处分条例等党内法规纳入党委(党组)理论学习中心组学习内容和党校课程,深入剖析严重违纪违法干部的典型案例,从而发挥警示教育作用,引领广大党员干部严格按照党章标准要求自己,增强自身纪律意识,形成尊崇党章、遵守党纪的良好习惯。党坚持纪严于法的准则,用好执纪监督的"四种常态",强化政治纪律和组织纪律,推动全面从严治党向纵深发展。

第五,在党的制度建设方面。党坚持构建制度规范体系,形成较为完善的党内法规体系,为推进自我革命提供制度保障。2018年2月,中共中央印发《中央党内法规制定工作第二个五年规划(2018—2022年)》,适应新时代坚持和加强党的全面领导,推进党的各项建设需要,对党内法规制度进行长达五年的顶层设计。2019年9月,中共中央发布《中国共产党党内法规执行责任制规定(试行)》,逐一明确了各级各类党组织和党员领导干部的执规责任,对监督考核、责任追究等内容作出具体规定。2021年,《中国共产党党内法规体系》出版,对党内法规体系作了全面系统的阐述,为党

---

① 《中国共产党的一百年》,中共党史出版社2022年版,第1199页。

## 第三章
中国共产党对革故鼎新的探索与实践

组织和党员尽职尽责提供规范。

第六，在反腐败斗争方面。腐败是危害党的生命力和战斗力的最大毒瘤，反腐败是最彻底的自我革命。党的十八大以来，以习近平同志为核心的党中央以巨大的政治担当，壮士断腕、刮骨疗毒的政治勇气，开展史无前例的反腐败斗争，经过新时代十年坚持不懈的强力反腐，反腐败斗争取得压倒性胜利并全面巩固。但形势依然严峻复杂，反腐败绝对不能回头、不能松懈、不能慈悲，必须永远吹冲锋号。我们要清醒认识反腐败斗争的新情况、新动向，清醒认识腐败问题产生的土壤和条件，不断拓展反腐败斗争深度广度，对症下药、精准施治、多措并举，让反复发作的老问题逐渐减少，让新出现的问题难以蔓延，推动防范和治理腐败问题常态化、长效化。

党中央反复强调，我们党来自人民、植根人民、服务人民，一旦脱离人民群众就会失去生命力，党必须具有良好的工作作风。因此，党从制定和落实中央八项规定抓起，坚持从中央政治局做起、从领导干部抓起，以上率下改进工作作风。中央政治局每年定期召开民主生活会，听取中央八项规定的执行情况汇报，开展党内的批评与自我批评。同时，党发挥钉钉子精神持之以恒纠正"四风"问题，反对特权思想和特权现象，狠刹公款送礼、公款吃喝、公款旅游等不正之风，解决了群众反映强烈的突出问题，倡导勤俭节约、反对铺张浪费，刹住了一些过去被认为不可能刹住的歪风邪气，纠治了一些多年未除的顽瘴痼疾，使得党风、政风和社会风气为之一新。

党中央反复强调，腐败是党长期执政的最大威胁，反腐败是一

## 读懂革故鼎新

场输不起也决不能输的重大政治斗争,不得罪成百上千的腐败分子,就要得罪 14 亿多人民,必须把权力关在制度的笼子里,依法设定权力、规定权力、制约权力、监督权力。党始终坚持为中国人民谋幸福、为中华民族谋复兴的历史使命,对于腐败采取无禁区、全覆盖、零容忍的态度,坚持受贿行贿一起查,强调有案必查、有腐必惩,坚定不移"打虎""拍蝇""猎狐"。据统计,党的十八大以后的五年,经党中央批准立案审查的省军级以上党员干部及其他中管干部达 440 人。全国纪检监察机关共立案 154.5 万件,处分 153.7 万人,其中厅局级干部 8900 余人,县处级干部 6.3 万人。[①]

党的十八大以来,反腐败斗争成果得到根本性巩固,全面从严治党进一步走向深入。党的自我净化、自我完善、自我革新、自我提高能力显著增强,根本扭转了之前管党治党不严、松软无力的状况,从而极大消除了党和国家内部存在的巨大隐患。党的自我革命也日益强化,开创出反腐倡廉全新局面,使党在革命性锻造中更加坚强有力。

---

[①]《中国共产党的一百年》,中共党史出版社 2022 年版,第 1104 页。

# 04 第四章

# 革故鼎新的思想价值与启迪

# 第四章
## 革故鼎新的思想价值与启迪

"兹欲兴道致治，必当革故鼎新。"回眸中华文明数千年的历史进程，变革是历史常态，革故鼎新的改革创新精神推动着中华文明历经数千年而延绵不绝、迭遭忧患而经久不衰。在中华文明绵延赓续的历史进程中，中华民族始终以"苟日新，日日新，又日新"的革故鼎新精神不断创造物质文明、精神文明和政治文明。2023年6月2日，习近平总书记在文化传承发展座谈会上指出："中华文明是革故鼎新、辉光日月的文明，静水深流与波澜壮阔交织。"[①]中华文明中革故鼎新的精神气质，决定了中华民族守正不守旧、尊古不复古的进取精神，决定了中华民族不惧新挑战、勇于接受新事物的无畏品格。当前，世界百年未有之大变局加速演进，我国处于推进全面深化改革、推动高质量发展、全面建成社会主义现代化强国的关键阶段，比历史上任何时期都需要解放思想、敢闯敢试、大胆创新，比历史上任何时期都需要以思想破冰引领改革突围。站在新的历史起点上，我们必须始终保持开拓创新的姿态，坚定革故鼎新的意志，准确识变、科学应变、主动求变，一刻不停歇地推进改革发展，凝聚坚不可摧的奋进力量，不断化解发展道路上的各种危机和挑战，在革故鼎新中推动中华民族伟大复兴号巨轮乘风破浪、扬帆远航。

---

① 习近平：《在文化传承发展座谈会上的讲话》，《求是》2023年第17期。

读懂革故鼎新

# 第一节 革故鼎新思想蕴含的时代价值

革故鼎新是中华文化的固有特质和基因,历来被世人所推崇和践行。从"周虽旧邦,其命维新",到"苟日新,日日新,又日新",到"苟利于民,不必法古;苟周于事,不必循旧",再到"不革其旧,安能从新",这些论述无不在强调革故鼎新的重要性。新时代以来,习近平总书记多次论及革故鼎新的重要性。2015年7月9日,在金砖国家领导人第七次会晤上,习近平主席提出:"国际经济规则需要不断革故鼎新,以适应全球增长格局新变化,让责任和能力相匹配。"[①]2018年3月20日,习近平总书记在十三届全国人大一次会议上强调:"在几千年历史长河中,中国人民始终革故鼎新、自强不息,开发和建设了祖国辽阔秀丽的大好河山,开拓了波涛万顷的辽阔海疆,开垦了物产丰富的广袤粮田,治理了桀骜不驯的千百条大江大河,战胜了数不清的自然灾害,建设了星罗棋布的城镇乡村,发展了门类齐全的产业,形成了多姿多彩的生活。"[②]2019年5月15日,习近平主席在出席亚洲文明对话大会时指出:"亲仁善邻、协和万邦是中华文明一贯的处世之道,惠民利民、安民富民是中华文明鲜明的价值导向,革故鼎新、与时俱进是中华文明永恒的精神气质,道法自然、天人合一是中华文明内在的生存理念。"[③]党的二十大报告

---

① 《习近平外交演讲集》第一卷,中央文献出版社2022年版,第251页。
② 《习近平谈治国理政》第三卷,外文出版社2020年版,第140页。
③ 《习近平谈治国理政》第三卷,外文出版社2020年版,第471页。

# 第四章
革故鼎新的思想价值与启迪

更是专门指出:"经过不懈努力,党找到了自我革命这一跳出治乱兴衰历史周期率的第二个答案,自我净化、自我完善、自我革新、自我提高能力显著增强,党治党宽松软状况得到根本扭转,风清气正的党内政治生态不断形成和发展,确保党永远不变质、不变色、不变味。"①厚植"革故鼎新"的思想价值,更好发扬改革创新的精神品质,对于我们党团结带领全国各族人民开启全面建设社会主义现代化强国的新征程,实现中华民族伟大复兴,大有裨益。

## 一、治国理政的首要之务

从政治层面看,古人把革故鼎新看作理政的头等大事。东汉魏伯阳在《周易参同契》中讲:"御政之首,鼎新革故。"认为革故鼎新是治国理政的首要之务。历史和实践也一再证明,执政者只有顺应时势,不断地解放思想,不断地破除陈腐的束缚,才能促进国家发展。那些故步自封、抱残守缺的国家则会日益衰弱,甚至沦落到仰人鼻息的地步。

自古以来,中国大地上发生了无数变法、变革、图强运动,如商鞅变法、王安石变法、张居正改革、戊戌变法等。这些改革反对因循守旧、故步自封,以打破旧制、开创新局的革新精神,致力于探寻国家变革与社会进步之路。战国时,商鞅认为"圣人不法古,不修今。法古则后于时,修今则塞于势"(《商君书》)。圣人不效法古代、不囿于现状,"法古"落后于时代,"修今"则跟不上形势,

---

① 《习近平著作选读》第一卷,人民出版社2023年版,第12页。

表达了革新的重要性,主张"苟可以强国,不法其故;苟可以利民,不循其礼"(《商君书》)。然而以甘龙、杜挚等旧贵族为代表的利益集团则反对变法,主张"法古无过,循礼无邪",商鞅针锋相对地指出,"治世不一道,便国不法古。故汤武不循古而王,夏殷不易礼而亡。反古者不可非,而循礼者不足多"(《商君列传》)。在商鞅变法主导下,秦国废除了世卿世禄制,奖励军功,奖励耕织,废井田、开阡陌,统一度量衡,一年初见成效,十年大见功效,使弱小落后的秦国一跃成为战国群雄中政治、经济、军事上最强大的国家,"卒以拓霸国之规模,立一统之基础",为秦始皇完成统一大业奠定了坚实基础。北宋的王安石曾赞扬商鞅:"自古驱民在信诚,一言为重百金轻。今人未可非商鞅,商鞅能令政必行"(《商鞅·自古驱民在信诚》)。王安石还以"天变不足畏,祖宗不足法,人言不足恤"(《宋史·列传》)的大无畏精神推动改革,革除当时存在的积弊,推行一系列富国强兵的措施,被列宁称为"中国十一世纪的改革家"。

与之形成鲜明对比的是,清政府以"天朝"自居,不思变革,而陷入了处处挨打的局面。为此,一些有识之士奋起直呼,主张以新学代替旧学,以新政代替旧政,以新文化取代旧文化,以维新改变旧体制,走上了救亡图存的道路。中国改革开放40多年的实践证明,改革创新是中国强国之路。未来,我们全面建成社会主义现代化强国,仍然要靠改革创新、与时俱进的发展理念。

回顾革故鼎新的思想演变历程,不难发现其中蕴含着国家治理中极为丰富的方法论,应当把握处理好批判与继承、守正与创新、

## 第四章
### 革故鼎新的思想价值与启迪

开放与融合、稳定与发展等的辩证关系。

#### （一）批判与继承

把握批判与继承的关系是革故鼎新的基本前提，即"革什么故""如何革故"命题，其代表着革新者应当如何看待既往历史、如何报以正确的历史观问题。在历史观问题之必要性上，习近平总书记深刻指出："历史是现实的根源，任何一个国家的今天都来自昨天。只有了解一个国家从哪里来，才能弄懂这个国家今天怎么会是这样而不是那样，也才能搞清楚这个国家未来会往哪里去和不会往哪里去。"[①]"革"的对象是"故"，即旧事物，对待旧事物的看法不是全盘否定，亦不应简单地全盘肯定。马克思主义辩证否定观认为：否定是事物的自我否定，是事物内部矛盾运动的结果，是事物发展的环节，它是旧事物向新事物的转变，是从旧质到新质的飞跃，只有经过否定，旧事物才能向新事物转变；否定是新旧事物联系的环节，新事物孕育产生于旧事物，新旧事物是通过否定环节联系起来的。辩证否定的实质是"扬弃"，即新事物对旧事物既批判又继承，既克服其消极因素又保留其积极因素。也就是说，在批判腐朽的旧事物时发现其中的宝贵精华，汲取其中的价值以待发展。从这一意义上说，"鼎新"的新不是从天而降的，它必然对旧事物有所传承。鲁迅曾言："古人所创的事业中，即含有后来的新兴阶级皆可以择取的遗产。""鼎新"要从模仿、传承开始，新与旧是相对的，是可以

---

① 习近平：《出席第三届核安全峰会并访问欧洲四国和联合国教科文组织总部、欧盟总部时的演讲》，人民出版社2014年版，第41页。

互相转化的。正如梁漱溟所说:"所谓创造新文化即从旧文化里转变出一个新文化来。"

习近平总书记强调:"当代中国的伟大社会变革,不是简单延续我国历史文化的母版,不是简单套用马克思主义经典作家设想的模板,不是其他国家社会主义实践的再版,也不是国外现代化发展的翻版。"[①] 这一重要论述深刻地指出国家治理过程中对于"故"与"新"的正确态度,"革故"应当保留符合当前国家治理条件的制度举措,"鼎新"更不可盲目求新奇求另类,不可一味照搬所谓的"先进体系",而是要在当前国情的基础上确立可破除旧制度弊病的新政。探寻人类历史可以发现,没有一个国家、没有一个民族可以通过依赖外部力量、跟在他人后面亦步亦趋实现强大和振兴。那样做的结果,不是必然遭遇失败,就是必然成为他人的附庸。同样,也没有一个国家、没有一个民族可以通过简单地照抄照搬、不付出任何努力就形成适合本国国情的政治制度模式。聚焦西方发达国家的崛起进程可知,只有在坚持继承符合本国实际情况的制度模式的基础上加以改造创新,方可发挥改革创新的历史推力,如英国从1640年发生资产阶级革命到1688年进行光荣革命,形成君主立宪制度;美国从1775年开始独立战争到1865年结束南北战争,总统制才大体稳定下来;法国从1789年发生资产阶级革命到1870年,其间经历多次复辟和反复辟的较量,最终选择半总统体制;德国于1990年实现统一后,仍然实行历史传承下来的议会内阁制。这些西方大国无一例外地选择了适合本国国情的政治制度模式。

---

① 《习近平谈治国理政》第二卷,外文出版社2017年版,第344页。

## 第四章 革故鼎新的思想价值与启迪

### （二）开放与融合

"革故鼎新"不仅揭示了破旧创新的必要性，同时蕴含着向外求变、内外融合的深刻意蕴。如果求变求新只停留在闭门造车的阶段，必然会遭遇外部先进势力的巨大冲击。1757 年，清政府颁布了一项重要法令，规定只开放广州一个口岸作为对外贸易的通道，特许"广州十三行"独家经营对外贸易，这被称为清朝的"闭关锁国"政策。这项政策在一定程度上对西方殖民者的侵略活动起到了自卫作用，但同时使中国逐渐落伍于世界历史的发展进程。在历史长河中，闭关锁国政策虽然在一定程度上保护了中国的独立和安全，但它也限制了中国的发展，导致中国逐渐落后于世界其他国家。可以说，闭关锁国正是在主体内外关系上成了革故鼎新的典型反例。与清朝闭关锁国导致落后形成鲜明对比的，便是同一时代邻国日本的明治维新。19 世纪中叶，日本的资产阶级和武士联合，进行了"倒幕"活动，胜利之后，建立了中央集权的天皇专制政体。紧接着，明治天皇实行了一系列改革措施：废除封建领地，划分直属中央的政区，统一货币，鼓励工商，允许土地自由买卖，等等。这些改革措施虽并不彻底，但却是日本历史发展的一个转折点，日本的经济和国力渐渐强盛起来。

### （三）发展与稳定

《周易》中的革卦和鼎卦无疑是一对矛盾的对立统一体。其中，革卦的重心在变革。此卦由八卦中的离卦和兑卦组成。在八卦系统里，离卦代表火、中女，兑卦代表沼泽、少女。《象传》是这样解释的:"革,水火相息,二女同居,其志不相得,曰革。"这就是说,水与火相遇不能共存,二女子同住会互不相容,于是要发生变革。革卦的爻辞便是围绕如何使变革成功来展开的。而鼎卦的重心则在稳定。将革卦旋转一百八十度就是鼎卦。在易学里,这种互为颠倒的情形叫作"综卦"。综卦是从对立的视角来看待问题的:从革卦的角度看,鼎卦的失误要弥补;从鼎卦的角度看,则是革卦的失误要弥补。鼎卦的爻辞讲的主要是变革成功后如何创造稳定的新局面。

处理好改革发展稳定关系是把握"革故鼎新"的应有之义。革故鼎新要求治国理政者应当时刻保持居安思危、自我革命的历史清醒。而在国家社会进行变革改造、实现进步发展的过程中,必然充斥着各类风险与挑战。这就要求当政者在变革过程中高度警惕其中祸乱秩序的因素,处理好改革发展稳定的关系。在稳定与发展这对关系中,发展是目的,只有发展,才能更好地满足广大人民群众对美好生活的需要,从而更好地解决我国社会的主要矛盾。稳定是前提。只有稳定,才能为改革发展提供良好的社会环境。14亿多人口的大国,无论是深化改革,还是促进发展,都需要稳定的环境,一旦不稳定,改革发展都无从谈起。正如邓小平1989年2月26日会见美国总统布什时指出的:"中国的问题,压倒一切的是需要稳定。没有稳定的环境,什么都搞不成,已经取得的成果也会失掉。"① 正是抱以这样的认识,改革开放以来,中国共产党坚持基本路线不动摇,正确把握改革、发展、稳定的关系,保持着改革"渐进性"的

---

① 《邓小平文选》第三卷,人民出版社1993年版,第284页。

特点，选择了发展中的政治稳定的模式，减少了因剧变引发社会动荡的风险。

## 二、中华文化发展的内生动力

中华文明作为至今人类历史上唯一未曾中断的原生型文明，其文明基因中必然有着促成持久生命力的民族秉性。其中，"革故鼎新"便是中华文明保持强大生命力的源泉之一。古人很早就认识到，只有革新才有生机和发展。习近平总书记指出："中华文明具有突出的创新性。中华文明是革故鼎新、辉光日新的文明，静水深流与波澜壮阔交织。""中华文明的创新性，从根本上决定了中华民族守正不守旧、尊古不复古的进取精神，决定了中华民族不惧新挑战、勇于接受新事物的无畏品格。"[1] 几千年来，中华文明一直未有间断，得益于变革创新、吐故纳新的品质，得益于包容汇通、自净更新的能力。

### （一）促进物质文明进步发展

在人类认识世界和改造世界的进程中，文明不断由低级向高级发展。我国古代物质文明成就所体现出的创新性，包括文明赖以存在的物质资料生产，以及生产力发展水平和科学技术发展水平，反映着我们的先人认识世界和改造世界的能力。水稻栽培技术、造纸术、指南针、火药、印刷术等发明创造，曾对人类文明进步作出突

---

[1] 习近平：《在文化传承发展座谈会上的讲话》，《求是》2023年第17期。

## 读懂革故鼎新

出贡献。约两万年前，我们的祖先制造出世界上最早的陶容器，揭开了人类利用自然、改造自然的新篇章。一万年前，我国南方上山文化开了水稻种植的先河，北方旱地开始种植粟和黍。距今 7000 至 5000 年的仰韶文化出土了让世界惊艳的彩陶。二里头文化遗址展现了以司母戊大方鼎为代表的雄伟壮丽的青铜文明，良渚遗址实证了中华五千年的文明史，浩大的古城墙向世界证实我们与古埃及等世界早期文明同步进入了国家文明社会。

创新是科学发明的基础。古人在 7000 年前发明了榫卯木结构的建筑技术，六七千年前发明夯土建筑技术、养蚕丝织技术，4000 多年前发明了复合陶范铸造青铜器的技术，2800 年前发明了以生铁为本的钢铁冶炼技术。秦汉时期，纸张、指南针、织布机、浑天仪、候风地动仪等相继问世，形成了算学、天学、舆地学、农学和医学五大学科。这些伟大成就泽被宇内，深刻影响着世界文明的进程。马克思、恩格斯在他们的著作中高度赞扬中国人民的创造精神，充分肯定中华文明对世界文明的贡献："火药、指南针、印刷术——这是预告资产阶级社会到来的三大发明。火药把骑士阶层炸得粉碎，指南针打开了世界市场并建立了殖民地，而印刷术则变成了新教的工具，总的来说变成科学复兴的手段，变成对精神发展创造必要前提的最强大的杠杆。"①

新中国成立后，我国科学技术事业进入蓬勃发展的新阶段，创造了原子弹装置爆炸成功、发射"东方红一号"人造地球卫星、研制银河系列巨型计算机、籼型杂交水稻大大提高粮食产量等一系列

---

① 《马克思恩格斯文集》第 8 卷，人民出版社 2009 年版，第 338 页。

# 第四章
革故鼎新的思想价值与启迪

成就。进入新时代，我国的科技发展更是日新月异。"嫦娥"登月球，"天问"探火星，"神十三"和"天和"核心舱成功对接，"深海勇士"号、"奋斗者"号、"海斗一号"等遨游海洋，量子科技不断取得突破，高速铁路、智能电网、5G研发等先进技术纷纷进入世界先进行列，我国科技事业发生了历史性、整体性、格局性变化。在世界知识产权组织发布的《2022年全球创新指数报告》中，我国创新指数排名第11，连续10年稳步提升，位居中等收入经济体之首。科技创新为我国经济发展开辟了新领域新赛道，大大提升了发展的质量和效益。

## （二）绵延不朽的精神文明

创新作为民族性格，跨越五千多年时空，深刻影响着中华文明发展进步，也为我们积累了宝贵的精神财富。经书典籍中关于创新的名言警句不胜枚举，例如《礼记·大学》记载汤之盘铭曰"苟日新，日日新，又日新"，意指如果能每天除旧更新，就要持之以恒，是从动态角度来强调不断革新。又如，古人提出"周虽旧邦，其命维新""以不息为体，以日新为道"等创新精神的观点。正是在名言警句的传颂当中，"革故鼎新"化育为中华民族的精神特质。古时先哲还通过观察宇宙万物的变动不居，提出"天行健，君子以自强不息"的思想，成为激励中国人民变革创新、发愤图强的精神力量。用"穷则变，变则通，通则久""天地革而四时成，汤武革命，顺乎天而应乎人""生生之谓易"等来说明革故鼎新是宇宙万物运动变化的规律，体现了中国古人永不僵化、永不停滞的进取姿态和变中求新、新中求进的精神追求。公元前770年至前221年,诸子百家争鸣让中国思想文化有了从无到有的突破,是世界史上重要的人类精神大解放时期。这一时期,老子、孔子、墨子、韩非子等思想家活跃于政治和学术舞台,他们的思想对中国社会和文化产生了深远的影响。

在文化载体方面,随着社会生产力的不断发展,文化创新的体现方法也越来越多样化。中国在文字、诗词、书法、绘画、音乐等方面的创造与创新,为人类文化宝库书写了浓墨重彩的篇章。中国汉字的创新和发展,对古代文化的蓬勃发展起到了至关重要的作用。从殷商时期的甲骨文,到周朝时的金文、石刻文,后来秦朝用篆书实现了"书同文"。再从汉代的隶书,到唐朝楷书、行书、草书发展的新境地,中国的书法艺术日臻成熟。中国绘画距今至少有七千余年的历史,形成了国画、山水画、花鸟画等类型,各类艺术风格的创新展现了中国绘画的魅力。中国古代文学中诗、词、曲、赋、小说等多种体裁,展现着中国古代文学的多样性和创新性,奠定了在世界文学史上的地位,成为宝贵的世界文化遗产。

在道德伦理方面,中国人的价值观也在不断创新。从孔子提出"仁义礼",孟子进一步提出"仁义礼智",董仲舒扩展为"仁义礼智信"的"五常",成为很长一段时间中华传统文化的精神内核。直至宋代,发展形成了"孝悌忠信礼义廉耻"八德,展现了中华民族传统的价值标准和伦理责任。在历史长河中,修齐治平、兴亡有责的家国情怀,厚德载物、明德弘道的精神追求,实事求是、知行合一的哲学思想,执两用中、守中致和的思维方法,讲信修睦、亲仁善邻的交往之道等精神追求,不仅影响着中国人的行为方式,也深刻

# 第四章
革故鼎新的思想价值与启迪

影响着东亚文明的发展。

进入新时代，我们在党的领导下不断推动精神文明建设高质量发展，社会主义核心价值观凝聚了全国各族人民的思想共识，是中国特色社会主义文化建设的核心，它不仅传承了中华优秀传统文化，而且体现出与时俱进的精神特质，具有重要的文化创新意义。

## （三）铸就辉煌的政治文明

中国在距今5100年左右出现了区域政权，在五千多年的文明发展历程中，社会形态和政治制度不断适应生产力和生产关系的发展而变革。"知常明变，与时俱进"是我国政治文明的显著特征，据此形成了中华璀璨的政治文明。

首先是"民为邦本，为政以德"的治理主张。如《尚书·五子之歌》中的"民惟邦本，本固邦宁"，《荀子·王制》中的"君者舟也，庶人者水也；水则载舟，水则覆舟"，《孟子·尽心章句下》中的"民为贵，社稷次之，君为轻"。民本思想作为中国的传统政治智慧，在国家治理中一直存在并发挥着重要影响。习近平总书记在党的二十大报告中提出"六个必须坚持"，其中第一个就是"坚持人民至上"，抓住了新时代党的建设的根本和关键，顺应了广大人民群众的期待和要求，是对民本思想的传承和发展。

其次是"任人唯贤，选贤与能"的重贤理念。"任人唯贤"是贯穿中国古代社会选人用人的理念和标准。早在周代就有乡举里选制，两汉时期有察举制，魏晋南北朝时期有九品中正制。从隋代开始，产生了对后世影响深远的科举制。"任人唯贤，选贤与能"的用人标准,既是中华传统文化的重要组成部分,也是新时代治国理政思想的重要内容。习近平总书记多次强调要坚持德才兼备、以德为先,建设一支忠诚干净担当的高素质专业化干部队伍,既是对马克思主义执政党选人用人理论的丰富和发展,也促进了中华优秀传统文化中选贤任能理念的创造性转化和创新性发展。

再次是"天下为公,天下大同"的社会理想。《礼记·礼运》曰:"大道之行也,天下为公,选贤与能,讲信修睦。故人不独亲其亲,不独子其子……是谓大同"。康有为在《大同书》中提出建立"大同之世,天下为公,无有阶级,一切平等"的理想世界,孙中山提出"真正的三民主义"即"孔子所希望之大同世界"。大同思想崇尚和合,和而不同,求同存异。这与西方的零和博弈、丛林法则有很大的差异,也体现出中华文明的先进性。进入新时代,我们秉承协和万邦的理念,提出构建人类命运共同体,充分展示了中华优秀传统文化强调的大同理念,为推动世界和平发展、合作共赢贡献了中国智慧和中国方案。

革故鼎新所体现的中华民族精神,贯穿于中华民族几千年的文明历史,正是这种不满足现状、不甘于落后的求新求变思想与居安思危、未雨绸缪的忧患意识交织融合,铸就了伟大的奋斗精神和创造精神,成为中华民族强大生命力的动力之源。

## 三、促进制度创新的关键所在

革故鼎新所带来的思想解放是促进制度建设的前提,是推进制

## 第四章
革故鼎新的思想价值与启迪

度改革的关键所在。古人认为革故鼎新是完善制度的前提,而制度建设又为改革提供了支撑和保证。三国时期,王弼在给鼎卦作的注中称:"革去故而鼎取新,取新而当其人,易故而法制齐明……鼎者,成变之卦也。革既变矣,则制器立法以成之焉。变而无制,乱可待也。"就是说在变革之后,应该建立新的制度,并且要将改革成果制度化,如果没有制度保证,就离生乱不远了。革故鼎新是新事物和旧事物的更替,是新事物在旧事物基础上变化和发展的结果。革故就是破除旧事物弊端,为制度更新扫清道路、提供前提;鼎新就要确立有利于新事物成长的新思想、新制度、新体系,进而实现历史性更迭转换。因而,历史长河中人文思想的迭代变革,也促进着历朝历代的制度体系在顺应时代潮流下创新发展。

中国历史上经历了很多制度的沿革完善,为社会进步和发展奠定了基础,如中央官制从"三公九卿制""三省六部制"到内阁制,地方行政制度从分封制、郡县制到行省制,选拔官吏制度从世官制、察举制到科举制等。周代商后,周本来是一个统一的国家,周天子一统天下,因为实行分封制,造成了春秋、战国几百年的纷争和战乱。孔子说"吾从周",所从的是周的礼制,意思是遵从周代开创的礼制文化,以此阻止诸侯竞争发生礼崩乐坏,反映他希望维护周的统一。秦扫六合,统一全国,实行皇帝制度,以三公九卿组成中央政府,地方实行郡县制,"书同文,车同轨""令黔首自实田",使政治、经济、文化制度得以更新,成为中央集权的统一多民族封建国家。国家统一实现了,国家制度创新了,社会前进了。这是守正不守旧、尊古不复古的进取精神的典型表现。"汉承秦制",西汉、东

## 读懂革故鼎新

汉 400 多年,基本上沿袭秦的政治经济制度,也有一些具体制度的改革:"文景之治",与民休息,促成了社会经济的繁荣;最重要的是在思想文化领域尊崇儒术,儒家学说成为长期主导我国封建社会的主流意识形态。隋唐时期 300 多年,社会发展,出现了"贞观之治""开元盛世"。皇帝制度不变,中央政府形成三省六部制,进一步完善了国家政治体制。在人才制度上有了重大改革,以科举制取代了汉以后的察举制和九品中正制度。采用科举制是选拔人才上的重大进步,使出身中下层的士人可以通过相对公平的考试制度进入各级政权机构,扩大了统治基础,加强了中央集权,使中国封建社会形成了长期稳定的社会结构。这是一次重大的政治制度的改革,也是一次重大的文教体制的改革。元明时期约 370 年,除了维持皇帝制度不变,地方管理上形成、确立了行省制度,延续至今,是一项重大的国家治理体系的改革;中央层面,明朝废除了宰相制度,皇帝直接负责政府工作,开始形成君主专制。清朝 267 年,延续明朝制度,出现"康乾盛世",实施对少数民族因俗而治的政策,加速了中国境内各民族之间交往交流与交融,推进了中华民族的形成。鸦片战争后,资本主义列强侵略,领土主权沦丧,中国逐渐沦为半殖民地半封建社会,国家面临严重困难局面。面对这种局面,晚清时期国家出现了两种改革力量。清政府层面,先是洋务运动,想借用西方的洋枪洋炮,以为"可以剿发逆,可以勤远略",未能成功,甲午一败,前功尽溃;接着是戊戌变法,试图借鉴西方国家制度改变国家困境,也未成功;1901 年《辛丑条约》签订后,清政府实行新政,试图模仿西方政治制度,改行君主立宪,改革未能完成,革

## 第四章
### 革故鼎新的思想价值与启迪

命派起来了。革命派是来自民间的改革力量。革命派认为清政府不足以扭转国家的困难局面,决定另起炉灶,推翻皇帝制度,建立中国历史上也是亚洲历史上第一个"共和"政府,改采议会制度,试行政党政治。这个试行脱离了中国历史文化的根基,未能成功。这个时候,中国人向西方学习,接受了西方的政治文化学说,西化主张活跃于报刊。这些制度一方面借鼎革之机扫清障碍、得以确立,另一方面也为新的改革发展提供了强大的规范性和制度性保证。

古时制度变革的历史经验为后世的制度建设带来丰富制度文化养分。1921年,中国共产党成立,带领人民披荆斩棘、上下求索、奋力开拓、锐意进取,不断推进理论创新、实践创新、制度创新,在革命、建设和改革中展现出开拓创新精神。例如,1934年11月,红四方面军曾制定一份用以宣誓的《训词》,内容共16个字:"智勇坚定,排难创新,团结奋斗,不胜不休。""创新"一词赫然位列其中。正是靠着这种创新精神,我们党才先后走出了具有中国特色的革命、建设和改革的道路。新民主主义革命时期,党在革命根据地和解放区创立了人民政权,开始了新制度、新治理的探索实践,并在此基础上进一步探索完善国家制度与治理模式。1931年,党在江西瑞金宣布成立中华苏维埃共和国临时中央政府,毛泽东当选为中央执行委员会主席和中央执行委员会人民委员会主席。大会通过的《宪法大纲》规定,我们"建设的是工人和农民的民主专政的国家"①。这是中国历史上第一个全国性工农民主政权,是中国共产党

---

① 《建党以来重要文献选编(1921—1949)》第8册,中央文献出版社2011年版,第649—650页。

在局部地区执政的重要尝试。中华苏维埃共和国实行工农兵代表大会制度，分为乡、区、县、省和全国五级。抗日战争时期，党提出建立民主联合政府的主张。毛泽东在《新民主主义论》《论联合政府》等著作中，明确提出要将中国建设成为一个独立、自由、民主、统一和富强的新中国。1940年3月，抗日根据地各级民主政权认真贯彻执行"三三制"原则，即共产党员占三分之一，代表无产阶级和贫农；非党的左派进步分子占三分之一，代表小资产阶级；"不左不右"的中间派占三分之一，代表中等资产阶级和开明绅士。这是抗日民族统一战线性质的政权和民主制度。1948年至1949年间，毛泽东集中论述了新中国的"国体"和"政体"问题。特别是，1949年党的七届二中全会描绘了新民主主义国家的蓝图。中国人民政治协商会议第一届全体会议的隆重召开，标志着中国共产党领导的多党合作和政治协商制度正式确立。

新中国成立伊始，从中央到地方广泛建立起各级人民政权。这是彻底打碎国民党反动统治的国家机器后，在全新的制度基础上建立起来的人民民主政权。同时，进一步没收官僚资本、建立国营经济，基本完成土地制度改革和其他民主改革，改革封建婚姻制度，全面禁止黄赌毒，确保了社会秩序，净化了社会环境。在社会主义过渡时期，新中国有计划地推进对农业、手工业和资本主义工商业的社会主义改造。1954年，正式召开第一届全国人民代表大会，颁发《中华人民共和国宪法》，把中国人民行使当家作主权利的政治制度用根本大法的形式确定下来。人民代表大会制度这一根本政治制度，中国共产党领导的多党合作和政治协商制度、民族区域自治制

## 第四章
### 革故鼎新的思想价值与启迪

度这两项基本政治制度的确立，为逐步建立社会主义经济基础和相应的经济制度、进入社会主义社会提供了根本政治保障。1956年，党的八大明确指出，社会主义的社会制度在我国已经基本上建立起来了。我国实现了从半殖民地半封建社会到民族独立、人民当家作主的新社会，从新民主主义到社会主义的两个历史性转变。总体上看，从新中国建立到社会主义全面建设时期，我们制定了新中国第一部宪法，确立了工人阶级领导的、以工农联盟为基础的人民民主专政的国体，实行民主集中制的人民代表大会制度的政体，采用统一的多民族国家和在单一制国家中的民族区域自治制度的国家结构形式，实施中国共产党领导的多党合作和政治协商制度的政党制度，建立以公有制为基础的社会主义基本经济制度，坚持以马克思主义为指导的社会主义意识形态制度等一系列制度体系，实现了制度建设和国家治理领域的伟大、深刻变革。

此后，党的十一届三中全会实现了我们党历史上又一次伟大的历史性转折，开创了制度建设和国家治理现代化的新局面。1978年，邓小平关于《解放思想，实事求是，团结一致向前看》的重要讲话，是新时期解放思想的宣言书。他强调，一个党，一个国家，一个民族，如果一切从本本出发，思想僵化，迷信盛行，那它就不能前进，它的生机就停止了，就要亡党亡国。党的十一届三中全会提出改革开放的任务，强调实现四个现代化，要求大幅度地提高生产力，也就必然要求多方面地改变同生产力发展不适应的生产关系和上层建筑，改变一切不适应的管理方式、活动方式和思想方式。20世纪90年代初期，面对世界社会主义出现的低潮，有人对社会

## 读懂革故鼎新

主义的前途缺乏信心，也有人对改革开放产生怀疑。在这一历史关头，邓小平吸取苏联解体的深刻教训，坚定不移地推进改革开放，强调完善、巩固和发展具有中国特色的社会主义制度。他明确指出，我们搞社会主义才几十年，还处在初级阶段。巩固和发展社会主义制度，还需要一个很长的历史阶段，需要我们几代人、十几代人，甚至几十代人坚持不懈地努力奋斗，决不能掉以轻心。[①]他预见，恐怕再有30年的时间，我们才会在各方面形成一整套更加成熟、更加定型的制度。在这个制度下的方针、政策，也将更加定型化。正是在这一时期，我们党全面总结社会主义制度建设和国家治理的宝贵经验、深刻教训，创造性地把社会主义制度与市场经济体制相结合，进一步巩固和完善了中国特色社会主义制度体系，成功开创了中国特色社会主义。

中国特色社会主义进入新时代，为顺应时代潮流，适应社会主要矛盾变化，不断满足人民对美好生活的新期待，战胜前进道路上的各种风险挑战，必须在坚持和完善中国特色社会主义制度、推进国家治理体系和治理能力现代化上下更大功夫。党的十八大以来，不断推进健全党的领导体制机制、深化党和国家机构改革、加强人民当家作主制度建设、深化司法体制综合改革、深化经济和社会体制改革、深化生态文明体制改革、深化国防和军队改革、建立国家监察制度等方面，都取得了显著成就。

应充分认识革故鼎新这一传统智慧哲理对于制度创新的思想价值，勇于挑战旧观念，以创新的思维和方式来推动社会的进步和发展。

---

① 《邓小平文选》第三卷，人民出版社1994年版，第379—380页。

## 第二节 革故鼎新对全面深化改革的思想启迪

从方法论的角度看,革故鼎新既关乎"敢于变革"的勇气,也关乎"怎么变""为什么变"的智慧。革故鼎新强调勇于改变和创新,要求国家治理与改革过程中必须敢于冲破固有的束缚和利益固化,勇敢地对旧有制度、观念和体制进行彻底改革。40多年的改革开放充分表明,解放思想、敢闯敢试、大胆创新,发展就又好又快;思想保守、畏首畏尾、墨守成规,发展就迟滞缓慢。党的十八大以来,我们党面对新矛盾新挑战,以非凡的斗争勇气和智慧,砥砺前行,革故鼎新,坚决破除各方面体制机制弊端,在多个领域实现了突破性的历史变革,开启了全面建设社会主义现代化国家新征程。党的二十大报告指出"经过不懈努力,党找到了自我革命这一跳出治乱兴衰历史周期率的第二个答案,自我净化、自我完善、自我革新、自我提高能力显著增强。"这正是中华优秀传统文化中改革创新精神的时代化展现。历史告诉人们,不破不立,不塞不流,不止不行,为了全面建设社会主义现代化国家,实现中华民族伟大复兴的中国梦,我们必须坚定历史自信、文化自信,坚持改革创新,以奋发有为的精神把新时代中国特色社会主义不断推向前进。

## 一、坚持改革创新、与时俱进

不日新者必日退,修身如此,治国亦如此。全面深化改革只有进行时,没有完成时。尽管全面深化改革已经取得许多历史性成就,取得重大阶段性成果,然而一旦停下脚步,将极有可能拖拽多年来改革步伐后退,开上历史倒车。应时刻以革故鼎新精神推动全面深化改革与时俱进、向前发展,不断呼应时代要求。习近平总书记指出:"在新一轮全球增长面前,惟改革者进,惟创新者强,惟改革创新者胜。我们要拿出'敢为天下先'的勇气,锐意改革,激励创新,积极探索适合自身发展需要的新道路、新模式,不断寻求新增长点和驱动力。"[①]

### (一)坚持全面深化改革永远在路上

"兹欲兴道致治,必当革故鼎新。"今天,许多因素制约着改革和发展的进一步深化。如泰国、菲律宾、马来西亚等,因为长期缺失改革和发展而陷入中等收入陷阱。这些经济体在经历了初期的快速发展后,数十年没有实质性变化。这种情况不仅发生在中等收入国家,一些高收入国家,也面临类似的发展瓶颈。例如,日本在20世纪经济泡沫破灭之后,尽管政府也不时试图改革,但始终没有实质性的发展。

党的十一届三中全会以来,我们党领导人民艰辛探索、创新实践,开创、坚持、发展中国特色社会主义,走过了40多年改革开放

---

[①]《习近平外交演讲集》第一卷,中央文献出版社2022年版,第205—206页。

波澜壮阔的历程，创造了世所罕见的经济快速发展和社会长期稳定两大奇迹。40余年的实践证明，我们党大力推进理论创新、实践创新、制度创新、文化创新以及各方面创新，实现了从生产力相对落后到经济总量跃居世界第二的历史性突破，实现了人民生活从温饱不足到全面小康的历史性跨越。党的十八大以来，以习近平同志为核心的党中央提出创新、协调、绿色、开放、共享的新发展理念，将创新排在了第一位，突出了创新的极端重要性。党的十九大吹响了加快建设创新型国家的强劲号角，提出"创新是引领发展的第一动力，是建设现代化经济体系的战略支撑"。党的二十大报告在全面建成社会主义现代化强国的"两步走"战略中明确指出，到2035年，实现高水平科技自立自强，进入创新型国家前列。创新这一中华文明连续不断的内生动力，已成为中国的发展战略重心之一。可以说，几十年来，改革的劲头一刻也没有停歇。习近平总书记指出："改革越到深处，越要担当作为、蹄疾步稳、奋勇前进，不能有任何停一停、歇一歇的懈怠。"① 新征程上，要把全面深化改革摆在突出位置，坚持以时不我待的紧迫感和舍我其谁的使命感，推进全面深化改革向纵深发展。

## （二）坚持全面深化改革的社会主义方向

无论是革故还是鼎新，对于革新者而言，都有其独特的道路，一旦发生方向性错误，改革和发展就有可能误入歧途，最终走向万劫不复。

---

① 《习近平谈治国理政》第三卷，外文出版社2020年版，第179页。

对于改革的方向及目的，习近平总书记曾指出："前进道路上，我们要始终实现好、维护好、发展好最广大人民根本利益，让改革发展成果更多更公平惠及人民。"① 改革是社会主义制度的自我完善，在方向问题上，必须保持清醒的头脑，不走老路、邪路，毫不动摇地坚持和发展中国特色社会主义。改革不是改向，不是对社会主义制度的否定。要保持政治坚定性，明确政治定位。改革是一场革命，但它绝不是要"革"社会主义制度的"命"，怎么改、改什么，有我们的政治原则和底线，要有政治定力。

### （三）坚持改革顺应时代、与时俱进

古人云："明者因时而变，知者随事而制。"改革创新不能随心所欲，只有顺应历史潮流，积极应变，主动求变，才能与时代同行。《易经》里讲："天地革而四时成。汤武革命，顺乎天而应乎人。革之时大矣哉！"可见，顺天应人、应时与势是革故鼎新的基本遵循。"顺乎天"是指顺乎天道和时势，合乎自然与事物的发展规律，遵循天理、大道、公义、良知、原则，不妄作不乱为。唯有如此，创新才能守其正道，才不会偏离方向，也才能彰显其真正意义和价值。"应乎人"是指顺应人民的意志，遵从民众的意愿，把"为人民造福"作为创新的立足点和出发点，顺势而为。马克思从唯物史观角度指出："人们自己创造自己的历史，但是他们并不是随心所欲地创造，并不是在他们自己选定的条件下创造，而是在直接碰到的、既

---

① 习近平：《在庆祝"五一"国际劳动节暨表彰全国劳动模范和先进工作者大会上的讲话》，人民出版社 2015 年版，第 7 页。

# 第四章
革故鼎新的思想价值与启迪

定的、从过去承继下来的条件下创造。"[①] 同样是这个道理。改革创新与历史的变迁、时代的发展进步紧紧联系在一起。

改革的一个重要目的，就是要赶上时代。21世纪初，党就明确提出"与时俱进"的要求。党的十六大报告指出："与时俱进，就是党的全部理论和工作要体现时代性，把握规律性，富于创造性。"党的十八大后，习近平总书记多次强调与时俱进。现行党章将"解放思想、实事求是、与时俱进、求真务实"作为我们党的建设基本要求之一。在全面深化改革过程中，改什么、怎么改，必须以是否符合完善和发展中国特色社会主义制度、推进国家治理体系和治理能力现代化的总目标为根本尺度，该改的、能改的我们坚决改，不该改的、不能改的坚决不改。所谓"察势者明，趋势者智"，善于以变应变，在变化中求新、求进、求突破，才能够使改革开放"顺乎天而应乎人"，在眼花缭乱的变化中开创出机遇无限、创新无限的大好格局。

## 二、敢于打破藩篱、推陈出新

全面深化改革既要敢于"破"，也应当善于"立"。革故和鼎新是事物变化发展中不可分割的两个重要过程，革故是鼎新的前提，鼎新是革故的结果。俗话说"旧的不去新的不来"，强调的是革故，而"青出于蓝而胜于蓝"则说的是鼎新。革故鼎新是新事物和旧事物的更替，是新事物在旧事物的基础上变化和发展的结果。这正是

---

[①]《马克思恩格斯文集》第二卷，人民出版社2009年版，第470—471页。

西汉思想家扬雄在《太玄·玄莹》中所说的道理："因而循之，与道神之，革而化之，与时宜之。故因而能革，天道乃得；革而能因。天道乃驯。"因此，要发挥全面深化改革的效力，就需要把握处理好改革"故"与确立"新"的关系。

## （一）坚持推陈出新

革故鼎新者，首要在于"革"。做到革故鼎新的重要前提是确立敢于革故的意志和魄力。古往今来，改革之所以成为政权治理的千古难题，就在于意图改革的势力缺乏打破旧有藩篱的魄力与方法。改革作为一项开拓性的事业，必然会碰到各种阻力并需要进行艰苦的探索，往往道路艰难，险象环生。历史上的每次改革，几乎无一不触犯部分贵族或官僚、地主的既得利益，因而总会受到他们的竭力反对、攻击甚至诽谤。商鞅变法遭到落后贵族的反对，孝文帝改革遭到鲜卑贵族的反对，王安石变法遭到大官僚、大地主的反对。杨炎的两税法，张居正的"一条鞭法"改革，都因遭到大地主的反对而最终失败。这些历史经验表明，改革不仅需要有坚忍不拔的意志、百折不回的勇气，还要有周全有效的方法去打破保守势力的藩篱。

全面深化改革是一项艰苦卓绝的事业，改革基本遵循先易后难原则推进，因此容易改、难度小的先改了，剩下的都是难啃的硬骨头。我国改革已进入攻坚期、深水区，挑战与机遇并存，困难和希望同在。此时，在改革队伍中或多或少存在片面思维，为悲观消极情绪所左右。应当认识到，推进改革固然要受各方面条件制约，也不可避免地会有一定风险，但如果过分强调客观条件而放弃主观努力，不去创造条件实现有利与不利的转换，就会陷入"唯条件论"泥坑，丧失改革的机遇和主动权；如果害怕失败和担心风险而顾虑重重、患得患失、畏首畏尾，就会跌入消极等待的惰性心理旋涡，失去改革的信心和勇气。改革越是向前推进，触及的矛盾就越深，碰到的阻力就越大，就越需要强化改革的主动意识，树立改革的信心和勇气。只有以壮士断腕的决心、背水一战的气概，敢于啃硬骨头，敢于涉险滩，才能形成全面深化改革的强大势场，坚定不移地把改革进行到底。正如习近平总书记所指出的："一定要有自我革新的勇气和胸怀，跳出条条框框限制，克服部门利益掣肘，以积极主动精神研究和提出改革举措"[①]。虽然面临诸多改革风险，仍然锐意进取，攻坚克难；虽然面对重重改革困难，仍然毫不动摇，勇往直前；虽然改革路上跌宕起伏，仍然锲而不舍，持之以恒。唯此，才能突破危局，走出困境，变压力为动力，化动力为活力；变不利为有利，化有利为优势；变风险为挑战，化挑战为机遇，牢牢把握住全面深化改革的主动权。

## （二）坚持温故知新

革故破旧，并非对旧事物的全盘否定，而是去其糟粕。鼎新立新，创建新事物，也不是无中生有、凭空创造，而是在故旧的基础上取其精华，是"温故而知新"，革故和鼎新二者不可分割。史学家司马迁在《高祖本纪》的结尾曾总结其对历史兴衰规律的看法："夏之政忠。忠之敝，小人以野，故殷人承之以敬。敬之敝，小人以鬼，

---

[①]《习近平著作选读》第 1 卷，人民出版社 2023 年版，第 175 页。

## 读懂革故鼎新

故周人承之以文。文之敝,小人以僿,故救僿莫若以忠。三王之道若循环,终而复始。周秦之间,可谓文敝矣。秦政不改,反酷刑法,岂不缪乎?故汉兴,承敝易变,使人不倦,得天统矣。"事物只有在继承中创新,在创新中继承发展,才能行稳致远。一个国家、一个民族要振兴,就必须在历史前进的逻辑中前进、在时代发展的潮流中发展。因而要以史为鉴以知兴替,在源远流长的历史长河中寻找治国理政、改革发展的智慧结晶。

习近平总书记指出:"历史、现实、未来是相通的。历史是过去的现实,现实是未来的历史。"[1] 把全面深化改革的部署落实好,要回顾和总结中国共产党成立以来的发展史,特别要认真回顾和深入总结改革开放的历程。在40多年的改革开放历程中,党带领人民开拓奋进、实践创新,积累了许多宝贵的改革经验。一是坚持四项基本原则和改革开放的有机统一,确保了我们的改革是在中国特色社会主义道路上不断前进的改革,既不会走上封闭僵化的老路,也不会走改旗易帜的邪路。二是坚持以解放思想引领社会变革。20世纪70年代末期,全国范围内掀起探讨真理标准的热潮是一次大的思想解放,其意义在于为改革开放扫清了思想障碍,破除了思想桎梏;另一次大的思想解放是邓小平发表南方谈话,详细地向世界和中国人民普及了改革姓"资"姓"社"的认识盲区,明确指出改革的目标模式和基本方向,掀起了改革开放的新高潮。这两次思想的解放都是改革的先导,前者促进了改革的启动,后者迎来了改革的新时期。所以,我们说解放思想实际上是对观念进行革故鼎新,思想的广度

---

[1]《习近平谈治国理政》第1卷,外文出版社2014年版,第67页。

和深度决定了改革的广度和深度。三是顺应和把握世界大势，把改革和开放结合起来。从闭关锁国到加入世界贸易组织；从汇率并轨到人民币"入篮"；从试办经济特区、开放沿海地带到提出建立社会主义市场经济的改革目标；从引进外资、出口创汇到把"引进来"和"走出去"结合起来，鼓励出国办厂、对外投资；从实行外向型发展战略到建立开放型经济新体制……我国的改革开放历程，是以本国为出发点，统筹考虑时代背景和国际形势，以实现中国梦为目的，以振兴中华民族为使命，把改革和开放相结合，在改革和开放的良性互动中顺应和把握世界大势。

### （三）坚持守正创新

守正创新代表着"古为今用，推陈出新"的辩证态度，做到"取精用弘"，如《左传·昭公七年》提到的："其用物也弘矣，其取精也多矣。"也就是要坚持鉴别对待和正确扬弃的取舍路径，坚定守正不守旧、尊古不复古的创新精神。守正是基础、前提和保障，创新是动力、能力和目标，是实现守正的根本路径，从这个意义上说，守正的意义不亚于出新。所谓"参天之木，必有其根；怀山之水，必有其源"，纵观古今中外改革者，其成功往往是基于历史传承的推陈出新。

继往才能开来，守正才能出新。新中国成立后，中国共产党领导人民进行社会主义建设的实践探索。1978年，党的十一届三中全会开启我国改革开放的历史征程，以此为标志，中华人民共和国历史分为改革开放前和改革开放后两个历史时期。然而一段时间以来，社会上出现了种种关于改革开放前后两个时期的历史虚无主义言论，或是把改革开放前的历史说得一无是处，将在社会主义建设探索过程中遭遇的挫折和失误夸大为整个改革开放前的错误；或是放大改革开放中出现的问题，歪曲改革开放的性质。其反映出的问题，实际上是我们的社会主义还"要不要改革开放"、改革开放还"要不要社会主义"、改革开放"朝什么方向改"这一事关中国特色社会主义生死存亡的根本性问题。为此，习近平总书记明确强调"两个不能否定"："不能用改革开放后的历史时期否定改革开放前的历史时期，也不能用改革开放前的历史时期否定改革开放后的历史时期。"①正是以此守正创新的辩证态度，我们成功廓清历史虚无主义的思想迷雾，坚持党的领导，坚定不移走中国特色社会主义道路，高举改革开放旗帜，把改革开放不断推向深入。

## 三、善于自我完善、自我发展

改革创新既要破旧出新，也要完善发展。习近平总书记指出："我们全面深化改革，是要使中国特色社会主义制度更好；我们说坚定制度自信，不是要故步自封，而是要不断革除体制机制弊端，让我们的制度成熟而持久。"②全面深化改革的总目标是完善和发展中国特色社会主义制度，推进国家治理体系和治理能力现代化。在这一过程中，应当注意从消灭消极因素与巩固积极因素两方面自我

---

① 《习近平谈治国理政》第1卷，外文出版社2014年版，第23页。
② 《习近平谈治国理政》第1卷，外文出版社2014年版，第106页。

第四章
革故鼎新的思想价值与启迪

完善、自我发展。

## (一) 在消灭消极因素中实现自我完善

马克思在论述社会形态转变时,曾深刻指出:"无论哪一个社会形态,在它所能容纳的全部生产力发挥出来以前,是决不会灭亡的;而新的更高的生产关系,在它的物质存在条件在旧社会的胎胞里成熟以前,是决不会出现的。"[1] 深刻阐释了人类社会形态变革的一般规律。同时他进一步论述刚刚萌生的共产主义社会特点:"共产主义社会,它不是在它自身基础上已经发展了的,恰好相反,是刚刚从资本主义社会中产生出来的,因此它在各方面,在经济、道德和精神方面都还带着它脱胎出来的那个旧社会的痕迹。"[2] 这就表明了新事物在萌芽阶段时期,不可避免地带有旧事物的要素,这是事物发展变化的客观规律。因而,在社会变革时,也应当注意到消极因素,及时克服以逐步达到自我完善。

## (二) 在巩固积极因素中实现自我发展

任何重大改革绝不是一蹴而就的,改革最终成功与否取决于改革者是否能够巩固来之不易的改革成果。王弼提出:"革既变矣,则制器立法以成之焉。变而无制,乱可待也"(《周易注·鼎》)。这告诉我们:变革之后,要将改革成果制度化;否则,没有制度依靠,混乱就不远了。除制度建设之外,清代思想家王夫之强调:"兴利之

---

[1]《马克思恩格斯文集》第2卷,人民出版社2009年版,592页。
[2]《马克思恩格斯文集》第3卷,人民出版社2009年版,434页。

## 读懂革故鼎新

先于除害,必矣。今人粗心,说'害不除,利不可兴'者,都是一往之气。天下大器,自非褊衷所能任。"(《读四书大全说》)就是说,虽然改革创新意在革故鼎新,但革故的前提是先"兴利",也就是先立后破,"必先建德而后弊可革",凡说"害不除,利不可兴"而急于改革者,都不过是意气用事,切不可操之过急,偏执一端。因此,历史上变革往往都伴随着新的制度的建立以及改革成果的普惠化。春秋时期管仲改革、战国时期商鞅变法、北魏孝文帝改革、北宋王安石变法,都用事实表明,推进改革,从来都是破立并举,不仅要出实招解决问题,更要把治理经验转化为可以施之长远、惠及人民的长效制度。

党的十八大以来,以习近平同志为核心的党中央确立全面深化改革重大战略,坚持以问题为导向,用创新破难题,以实效为目标,蹄疾步稳地开展了一系列重大体制改革,有效解决了一批结构性矛盾,推动党和国家事业在多领域实现了历史性变革、系统性重塑、整体性重构。在全面建设社会主义强国新征程上,这些历史性成就必须巩固扩大。

第一,以长期稳定的制度形式确立下来,不断巩固改革所带来的伟大成果。制度的现代化建设需要在不断的摸索中稳步前进,不可能轻而易举就达到,需要借助改革的动力作用去完善。习近平总书记深刻指出:"在认识世界和改造世界的过程中,旧的问题解决了,新的问题又会产生,制度总是需要不断完善,因而改革既不可能一蹴而就、也不可能一劳永逸。"[1] 改革作为完善制度的推动力,能够

---

[1] 《习近平谈治国理政》第1卷,外文出版社2014年版,第74页。

## 第四章
### 革故鼎新的思想价值与启迪

加快制度的现代化。从形成更加成熟更加定型的制度来看，我国社会主义实践已经走过前半程。前半程，我们的主要历史任务是建立社会主义基本制度，并在这个基础上进行改革，现在已经有了很好的基础。后半程，我们的主要历史任务是坚持和完善中国特色社会主义制度，为党和国家事业发展、为人民幸福安康、为社会和谐稳定、为国家长治久安提供一整套更完备、更稳定、更管用的制度体系。

第二，不断推动将全面深化改革的伟大成果惠及人民群众。党的十八大以来，全面深化改革开放红利持续释放，改革开放效能转化并体现为国家治理能力和治理现代化水平不断提高。十余年来，我国经济再次迈上历史新台阶，经济从高速增长转向高质量发展；坚持和完善社会主义基本经济制度取得重大新突破，经济发展动力活力持续释放；创新和完善宏观调控，宏观经济治理能力稳步提升；我国开放的大门越开越大，全方位、多层次、宽领域的全面开放新格局加速形成；绿水青山就是金山银山理念全面转化，生态环境保护发生历史性、转折性、全局性变化。除此之外，还体现在经济体制、政治体制、文化体制、社会体制、生态文明体制、国防和军队改革和党的建设制度改革等方方面面。

第三，坚持理论创新与实践创新相统一。全面深化改革是一场重大政治体制改革，所面临的情况是严峻复杂的，这就要求改革者必须在实践中不断吸取经验与教训，升华为可以指导下一步行动的理论结晶。经济特区是改革开放的窗口，深圳经济特区40余年来率先进行市场取向的经济体制改革，首创1000多项改革举措。建设自由贸易试验区是新时代推进改革开放的一项战略举措，肩负着为全面深化改革和扩大开放探索新途径、积累新经验的重大使命。据商务部统计，在中央层面，自贸试验区已累计向全国或特定区域复制推广了6批次260项制度创新成果；在地方层面，18个自贸试验区已在本省份内推广了1151项制度创新成果。市场准入负面清单逐年瘦身，由最初试点时的328项缩减至2021年版的117项。这一试点探索，再由中央统筹推广的改革模式，便是巩固改革成果、释放改革效能的科学方法论。

## 四、增强可预见性、防患未然

愚者暗于成事，智者见于未萌。改革开放是前无古人的崭新事业，必须坚持正确的方法论，在不断实践探索中前进。针对"如何革故""如何鼎新"的具体做法，习近平总书记指出："在学习理解上，要防止一知半解、断章取义、生搬硬套，要弄清楚整体政策安排与某一具体政策的关系、系统政策链条与某一政策环节的关系、政策顶层设计与政策分层对接的关系、政策统一性与政策差异性的关系、长期性政策与阶段性政策的关系，既不能以局部代替整体、又不能以整体代替局部，既不能以灵活性损害原则性、又不能以原则性束缚灵活性。"[1]

### （一）增强改革的整体性与系统性

2013年12月3日，习近平总书记在十八届中央政治局第十一

---

[1]《习近平谈治国理政》第1卷，外文出版社2014年版，第106—107页。

第四章
革故鼎新的思想价值与启迪

次集体学习时指出:"我们提出全面深化改革的方案,是因为要解决我们面临的突出矛盾和问题,仅仅依靠单个领域、单个层次的改革难以奏效,必须加强顶层设计、整体谋划,增强各项改革的关联性、系统性、协同性。"①2020年10月14日,习近平总书记在深圳经济特区建立40周年庆祝大会上强调:"当前,改革又到了一个新的历史关头,很多都是前所未有的新问题,推进改革的复杂程度、敏感程度、艰巨程度不亚于40年前,必须以更大的政治勇气和智慧,坚持摸着石头过河和加强顶层设计相结合,不失时机、蹄疾步稳深化重要领域和关键环节改革,更加注重改革的系统性、整体性、协同性,提高改革综合效能。"②加强改革的顶层设计和整体谋划,体现了我们党对改革规律的认识和把握达到了一个崭新的高度,也是将改革进行到底的支撑和保障。

党的十八大以来,中央加强顶层设计、整体谋划,改革也由分布式转向系统化、局部性转向整体性、分散化转向协同化。习近平总书记指出:"全面深化改革,全面者,就是要统筹推进各领域改革,就需要有管总的目标,也要回答推进各领域改革最终是为了什么、要取得什么样的整体结果这个问题。正所谓'立治有体,施治有序'。"③这十年来,改革强调顶层设计和整体谋划,将经济、政治、文化、社会、生态文明各领域全面深化改革开放视为一个有机的系

---

① 习近平:《推动全党学习和掌握历史唯物主义 更好认识规律更加能动地推进工作》,《人民日报》2013年12月5日第1版。

② 习近平:《在深圳经济特区建立40周年庆祝大会上的讲话》,《人民日报》2020年10月15日第2版。

③ 习近平:《论坚持人民当家作主》,中央文献出版社2021年版,第58页。

统，力求增强改革的系统性、整体性、协同性，形成各领域改革相互促进、良性互动的局面。

### （二）警惕改革带来的风险与挑战

改革要善于运用底线思维的方法，凡事从坏处准备，努力争取最好的结果，做到有备无患、遇事不慌，牢牢把握主动权。底线有两重含义。一是改革的边界底线，即不能触碰的政策红线。例如，农村土地改革必须坚持土地公有制性质不改变、耕地红线不突破、农民利益不受损三条底线。又如，生态保护红线，控制经济增长和物价上涨的区间，把坚决维护国家主权、安全、发展利益作为中国坚持走和平发展道路的底线，等等。二是风险意识。全面深化改革面临的风险和挑战前所未有，这就要求我们必须增强忧患意识，认真评估决策处事的风险，估算可能出现的最坏情况，建立防范体系，从而处变不惊，推动积极转化，增强改革的底气，力谋最好的结果。每一项重大改革从制定工作方案到出台具体政策措施，都需要准确地找出短板，划定底线管控风险，坚持把改革的力度、发展的速度和社会可承受的程度统一起来，在保持社会稳定中推进改革发展，通过改革发展促进社会稳定。底线思维凸显的是改革的实践论和辩证法，设底线、守底线，才能做到胸中有数，最大限度地谋求长远利益、根本利益。

### （三）增强改革的渐进性与稳定性

对于重大的变革，古人是十分审慎的。与革、鼎二卦关系密切

## 第四章
革故鼎新的思想价值与启迪

的周武革命很能说明问题。在正式伐纣之前,武王曾孟津观兵。诸侯皆曰:"纣可伐矣。"而武王却说:"女未知天命,未可也。"(《史记·周本纪》)这是在等待变革的最佳时机。伐纣成功后,武王在第一时间刀枪入库、马放南山,"天下知武王之不复用兵也"(《礼记·乐记》)。这是在安顿民心以巩固胜利。

"摸着石头过河"是对中国改革比喻,这一比喻形象地揭示了改革探索的特点。讲求循序渐进,不能操之过急。《韩非子·解老》说:"事大众而数摇之,则少成功;藏大器而数徙之,则多败伤;烹小鲜而数挠之,则贼其泽;治大国而数变法,则民苦之。是以有道之君贵静,不重变法。故曰:'治大国者若烹小鲜。'"意思是说,役使民众而屡次变动他们的工作,那么就会很少成功;珍藏大的器物而屡次搬迁它们,就会容易损伤;烹调小鱼小虾而屡次搅动,就会破坏菜肴的色泽;治理大国而屡次改变规则,民众也就无所适从。例如,清末光绪皇帝主持的维新变法。自光绪二十四年四月二十三日(1898年6月11日),颁布"定国是诏"开始正式变法,重用康有为等维新人物,力图在政治、经济、文化、军事等各个方面除旧布新。光绪皇帝推进改革的办法是靠发布谕旨,有时一天竟多达十几道,反映了他变法的急切心情。据统计,在"百日维新"期间,他一共发了110道谕旨、诏令。但光绪皇帝靠急风暴雨式地颁布谕旨推进改革的做法,没有收到实效。可见,改革创新需要循序渐进、温故知新,切不可操之过急。全面深化改革只有扎实推进,才能行稳致远。

## 第三节　新时代新征程为推动革故鼎新而踔厉奋发

惟改革者进，惟创新者强。改革开放40多年来，中国经济发展和社会进步取得举世瞩目的成就，形成一系列创新性思路。历史和实践表明，改革开放是当代中国最鲜明的特色，是全面建设社会主义现代化国家、全面推进中华民族伟大复兴的澎湃动力之所在。实现历史性跨越，必须有深层次的变革。新征程上，我们应该继续坚持革故鼎新，进一步全面深化改革不断推进中国式现代化。

### 一、进一步解放思想，激发人民群众创造活力

习近平总书记指出："进一步解放思想、进一步解放和发展社会生产力、进一步解放和增强社会活力。全会决定提出的这'三个进一步解放'既是改革的目的，又是改革的条件。解放思想是前提，是解放和发展社会生产力、解放和增强社会活力的总开关。"[1] 回顾历史上的重大改革可以发现，改革者无不重视对社会群体的思想解放。这是因为，通过思想解放，可以摆脱社会发展的历史包袱、解开人民群众的思想束缚。社会发展往往带有一定的历史惯性，这一惯性虽然在一定程度上保证了社会运转的稳定性，但在发展中后期也往往挟持着人们的思想与制度，使得社会运作呈现凝滞的状态。改革

---

[1] 习近平：《论坚持全面深化改革》，中央文献出版社2018年版，第47页。

## 第四章
### 革故鼎新的思想价值与启迪

作为引领社会发展的动力源，正是为了打破发展停滞的僵局，改革的根本任务是扫除束缚社会生产力发展的一切障碍，包括旧的体制、旧的观念、利益固化的藩篱等。推动改革的思想前提，便是推动人民群众摆脱思想上的包袱，重新关注于研究新时期的情况特点、提出符合新阶段的思想方法。战国时期，商鞅在推动改革时，为充分获取国内人民群众的信任而立木取信。近代来看，解放思想是贯穿我国改革开放40多年来的一条主线。没有解放思想，我们党就不可能在举国上下积重难返、百废待兴的时候，冲破"两个凡是"的思想束缚，作出把党和国家工作中心转移到经济建设上来、实行改革开放的历史性决策。正如邓小平所说："改革开放中许许多多的东西，都是群众在实践中提出来的。……乡镇企业是谁发明的谁都没有提出过，我也没有提出过，突然一下子冒出来了，发展得很快，见效也快。家庭联产承包责任制也是由农民首先提出来的。这是群众的智慧，集体的智慧。"①

当前，世界百年未有之大变局加速演进，新一轮科技革命和产业变革深入发展，国际力量对比深刻调整，我国发展面临新的战略机遇。我国发展进入战略机遇和风险挑战并存、不确定难预料因素增多的时期。习近平总书记指出："当代中国的伟大社会变革，不是简单延续我国历史文化的母版，不是简单套用马克思主义经典作家设想的模板，不是其他国家社会主义实践的再版，也不是国外现代化发展的翻版，不可能找到现成的教科书。"② '如果我们不识变、不

---

① 《邓小平年谱（1975—1997）》（下），中央文献出版社2004年版，第1350页。
② 《习近平谈治国理政》第2卷，外文出版社2017年版，第344页。

应变、不求变，就可能陷入战略被动，错失发展机遇，甚至错过整整一个时代。"① 解放思想是全面深化改革的动力，中国特色社会主义进入新时代，无论是国内社会主要矛盾的转变，还是国际局势的变化，都表明此时已经到抛开传统模式束缚，研究新局势、发现新问题的关键时期，解放思想、推进改革迫在眉睫。习近平总书记指出："在深化改革问题上，一些思想观念障碍往往不是来自体制外而是来自体制内。思想不解放，我们就很难看清各种利益固化的症结所在，很难找准突破的方向和着力点，很难拿出创造性的改革举措。"② 党的十八大以来，习近平总书记围绕解放思想作出一系列重要论述，系统阐述了"为什么要解放思想""怎样解放思想"等重大理论和实践问题，指引全党不断推进和拓展中国特色社会主义的伟大实践。例如，2024 年 2 月，湖南省委贯彻落实习近平总书记关于解放思想的重要论述，发出《关于在全省开展解放思想大讨论活动的通知》，决定集中一段时间在全省开展解放思想大讨论活动。湖南肩负着党中央赋予的打造国家重要先进制造业高地、具有核心竞争力的科技创新高地、内陆地区改革开放高地的重要使命，处于推进全面深化改革开放、推动高质量发展的关键阶段，迫切希望通过开展大讨论活动，推动解放思想、敢闯敢试、大胆创新，进一步引领湖南发展动能之变、结构之变，闯出高质量发展新路子。

进一步解放思想、进一步解放和发展社会生产力、进一步解放和增强社会活力，这既是改革的目的，又是改革的条件。在进一步

---

① 《习近平著作选读》第 1 卷，人民出版社 2023 年版，第 490 页。
② 《习近平著作选读》第 2 卷，人民出版社 2023 年版，第 175 页。

## 第四章
革故鼎新的思想价值与启迪

解放思想，激发人民创造活力过程中，更要把握几项基本原则。其一，把握解放思想的基本方向。习近平总书记指出："在方向问题上，我们头脑必须十分清醒。我们的方向就是不断推动社会主义制度自我完善和发展，而不是对社会主义制度改弦易张。我们要坚持四项基本原则这个立国之本，既以四项基本原则保证改革开放的正确方向，又通过改革开放赋予四项基本原则新的时代内涵，排除各种干扰，坚定不移走中国特色社会主义道路。"[1] 在改革问题上要重视原则和底线，决不能犯下原则性方向性颠覆性的错误。其二，解放思想的目的是统一思想、形成人民共识。习近平总书记指出，解放思想的过程就是统一思想的过程，解放思想的目的是更好统一思想。思想统一了，才能最大限度凝聚改革共识，形成改革合力。[2] 改革是对整个社会系统的改造，所影响的人群领域颇广，如果不能通过解放思想来统一思想、形成社会共识，则很容易会因思想分裂而造成阻力。其三，解放思想的检验标准在于是否彻底释放社会活力。习近平总书记指出："解放和发展社会生产力、解放和增强社会活力，是解放思想的必然结果，也是解放思想的重要基础。"[3] 人民群众是历史的创造者，解放思想、实事求是正是坚持人民主体地位、充分尊重人民的首创精神。通过解放思想摆脱人们当前的认知束缚，更大限度地激活人民敢闯敢干的精神活力、充分发挥人民群众的主观性和创造性。

---

[1] 《习近平关于全面深化改革论述摘篇》，中央文献出版社2004年版，第15页。
[2] 《中共中央召开党外人士座谈会》，《人民日报》2013年11月14日第1版。
[3] 习近平：《论坚持全面深化改革》，中央文献出版社2018年版，第48页。

1978年12月13日,邓小平在中央工作会议闭幕会上作了题为《解放思想,实事求是,团结一致向前看》的讲话,这篇讲话实际上成为随后召开的党的十一届三中全会的主题报告。这篇讲话以鲜明的观点、深邃的思考、精辟的论断著称于世,是解放思想、开辟新时期新道路的宣言书。实践发展永无止境,解放思想也永无止境。在全面建设社会主义现代化强国、实现中华民族伟大复兴的征程中,应时刻以习近平总书记关于解放思想的重要论述为指引,进一步推动思想解放,不断凝聚人民群众的历史合力,将坚持人民至上贯穿全面深化改革的各方面、全过程。

## 二、进一步发扬斗争精神,勇于突破利益固化藩篱

斗争精神是革故鼎新精神品质的应有之义。从本质上来说,斗争的实质就是认识、分析、解决矛盾问题,促进事物向前发展的过程。其核心要义包括两点:一是敢于斗争。斗争绝不只是喊一喊口号,而是要真枪实弹向落后势力开战,需要冒极大的风险推进斗争。要发扬斗争精神,以无畏无惧的斗争信念与担当突破固化藩篱。新时代以来,习近平总书记常提改革高频词,指出"突破既得利益,让改革落地,需要有勇气、有胆识、有担当。畏首畏尾,不敢出招,怕得罪人,是难以落实措施、推动工作的","这个时候需要'明知山有虎,偏向虎山行'的勇气,不断把改革推向前进"。"敢于突进深水区,敢于啃硬骨头,敢于涉险滩""敢于较真碰硬""敢于接烫手山芋""真枪真刀推进改革","开弓没有回头箭""改革关头勇者

## 第四章
### 革故鼎新的思想价值与启迪

胜""坚定不移将改革进行到底",彰显了当代中国共产党人义无反顾、坚韧不拔、风雨无阻推进改革的巨大政治勇气和强烈责任担当。二是善于斗争。斗争是一门艺术,光有勇气是不够的,还要讲究方法策略。善于斗争要求在把握斗争规律的基础上不断提高自身斗争本领,百余年来,党中央运用科学的世界观与方法论分析总结出不同时期的社会主要矛盾,并以此为依据在不同的历史阶段展开具有其历史特点的伟大斗争。新时代,推进全面深化改革、进行具有许多新的历史特点的伟大斗争同样如此。在全面深化改革过程中,必须坚持正确处理改革发展稳定之间关系、正确处理胆子要大和步子要稳的关系、正确处理顶层设计和摸着石头过河的关系、正确处理整体推进和重点突破的关系等,方能采取恰当的斗争方式。

全面深化改革是一场深刻而伟大的社会革命,中国共产党作为长期执政的马克思主义政党,以无畏的斗争精神不断推进自我革命从而引领社会革命。进入新时代,为推进自我革命,跳出"其兴也勃焉,其亡也忽焉"的历史周期率,党中央把全面从严治党纳入"四个全面"战略布局,不断完善党和国家监督体系。党的十八届三中全会对全面深化党的纪律检查体制改革作出部署,明确提出:改革党的纪律检查体制,健全反腐败领导体制和工作机制,改革和完善各级反腐败协调小组职能。自此将推进纪检监察体制改革作为推进全面从严治党、深化党的自我革命的重要内容来抓,纪律检查体制改革、监察体制改革、派驻体制改革和巡视体制改革均取得一系列重大实践成果、理论成果和制度成果。在自我革命的同时,积极拓宽社会改革领域。过去将近40年的改革主要以经济领域改革为

## 读懂革故鼎新

主,而新时代以来的全面深化改革呈现出全方位、多领域的特点。习近平总书记亲自主持召开40次中央全面深化改革领导小组会议和30次中央全面深化改革委员会会议,从经济体制改革、政治体制改革、文化体制改革、社会体制改革、生态文明体制改革到党的建设制度改革,再到深化国防和军队改革,无不是迎着问题上、奔着问题改。例如,针对国防和军队存在的严重影响战斗力的不少短板弱项和体制机制问题,2015年11月,习近平主席在中央军委改革工作会议上指出:"治标治本要紧密结合,如果不通过改革从制度上根本解决问题,在一定条件下这些问题就可能死灰复燃,久而久之军队就有变质变色的危险!"对新时代政治建军作出重要部署,发出深化国法和军队改革的进军号令,推动展开领导指挥体制、规模结构和力量编成、军事政策制度等方面重大制度改革。十年来,通过重构人民军队领导指挥体制、现代军事力量体系、军事政策制度,形成了军委管总、战区主战、军种主建的新格局,构建起中国特色社会主义军事政策制度体系基本框架。

无畏的斗争精神是中国共产党与中华民族的鲜明品格。2023年4月21日,习近平总书记主持召开二十届中央全面深化改革委员会第一次会议,在总结党的十八大以来的全面深化改革时指出,放眼全世界,没有哪个国家和政党,能有这样的政治气魄和历史担当,敢于大刀阔斧、刀刃向内、自我革命,也没有哪个国家和政党,能在这么短时间内推动这么大范围、这么大规模、这么大力度的改革,这是中国特色社会主义制度的鲜明特征和显著优势。① 十年来，尽管全面深化改革取得许多历史性成果，但并不意味着改革就可以停脚歇气。社会是在矛盾运动中前进的，矛盾无处不在、无时不有。只要党和国家事业处于一个正常的发展过程，就必然贯穿着推动事物发展的矛盾，无论是国内或是国外，党内或是党外，都存在着许多亟须解决的问题与挑战。在新的历史阶段，全党全国各族人民都应认识到长期斗争的复杂性、艰巨性，进一步发扬斗争精神，勇于打破利益集团藩篱，不断夺取伟大斗争的胜利。

## 三、进一步深化改革开放，不断推进中国式现代化

改革开放是新时代党和国家坚持革故鼎新的主线，是推动中国式现代化伟大进程的助推器。习近平总书记在纪念毛泽东同志诞辰130周年座谈会上指出："改革开放是当代中国大踏步赶上时代的重要法宝，是决定中国式现代化成败的关键一招。"② 按照马克思所提出的"世界历史"理论，随着市场经济的不断发展，各个相互影响的活动范围在这个发展进程中越是扩大，各民族的原始封闭状态由于日益完善的生产方式、交往以及因交往而自然形成的不同民族之间的分工消灭得越是彻底，历史也就越是成为世界历史。如今，尽管

---

① 《守正创新真抓实干　在新征程上谱写改革开放新篇章》，《人民日报》2023年4月22日第1版。

② 习近平：《在纪念毛泽东同志诞辰130周年座谈会上的讲话》，人民出版社2023年版，第19页。

各个国家与地区的发展仍然体现着差异性与不平衡性,但毫无疑问,时代洪流推动着所有国家走向现代化,将各民族各国家的发展联系在一起。在此时期,一个国家如果拒绝拥抱全球化、切断与世界的联系,必然落后于时代的发展、与现代化发展渐行渐远。正如习近平总书记所强调:"经济全球化是时代潮流。大江奔腾向海,总会遇到逆流,但任何逆流都阻挡不了大江东去。动力助其前行,阻力促其强大。尽管出现了很多逆流、险滩,但经济全球化方向从未改变、也不会改变。"[1]

改革开放,一方面是推进改革,另一方面是扩大开放,二者相辅相成。进入新时代,面对新形势新任务,以全面深化改革与高水平对外开放不断推进中国式现代化。党的十八大以来,党和国家始终站在统筹国内国际两个大局的高度,始终认为全世界的繁荣稳定是中国稳定发展的条件机遇,始终坚持维护世界和平、促进共同发展的外交政策宗旨,始终坚定奉行互利共赢的开放战略,始终坚持经济全球化正确方向。在制度改革上,不断优化内外合作营商环境,着力推动规则、规制、管理、标准等制度型开放,持续打造更加市场化、法治化、国际化的营商环境,为各国提供更多合作机遇。例如,为稳步扩大制度型开放,2023年6月,国务院发文,率先在上海、广东、天津、福建、北京5个自贸试验区和海南自由贸易港,试点对接相关国际高标准经贸规则。同年,国务院再发方案,着力将上海自贸试验区打造为国家制度型开放示范区,在赋予自贸试验区更多自主权的同时,积极推进形成更多标志性、引领性的制

---

[1]《习近平谈治国理政》第4卷,外文出版社2022年版,第485页。

## 第四章
### 革故鼎新的思想价值与启迪

度创新成果，推进高水平对外开放。在国际交流上，进一步推动贸易和投资自由化便利化，推进双边、区域和多边合作，推动世界贸易组织、亚太经合组织等多边机制更好发挥作用。例如，2013年，习近平总书记着眼于人类前途命运及中国和世界的发展大势，提出"一带一路"倡议。十余年来，在各方共同努力下，"一带一路"的朋友圈不断扩大，累计150多个国家、30多个国际组织签署了合作文件。持续深化拓展各方合作的"一带一路"为各国发展经济、增加就业、改善民生作出了积极贡献，已成为深受欢迎的国际公共产品和国际合作平台。商务部统计数据显示，2013年到2022年，我国与"一带一路"共建国家双向投资累计超过2700亿美元；截至2022年底，我国企业在共建国家建设的境外经贸合作区，为当地创造了42.1万个就业岗位。据最新统计，2023年全年货物进出口总额417568亿元，全年服务进出口总额65754亿元，全年外商直接投资新设立企业53766家等各项指标数据都有所提升。

当前，世界百年未有之大变局加速演进，人类社会的历史命运正面临新情况、新条件、新问题，呼吁各民族、各国家以人类命运共同体的形式更加紧密地联系在一起。这更加要求各国各地区的治理者以更为宏远的大局观去看待本国问题与世界问题的互动联系。以习近平同志为核心的党中央高度重视开放合作的重要性，中国式现代化正随着进一步深化改革开放而推进。一是推进唱响国际合作的主旋律。深化国际交流合作已成国际共识，中国在世界舞台上扮演着越来越重要的角色，应当积极在国际交流平台机制倡议发声，凝聚国际合作者的思想共识，推进建设新型国际合作关系，为将来进一步拓宽各国交流合作领域、服务本国重要发展战略打牢共识基础。二是不断巩固国际交流合作框架。在共同维护国际秩序的基础上，应积极共同推动全球治理改革，加强全球性问题的协调与合作。在国际合作框架之下，构建深化传统经贸领域的合作体系，并不断拓宽科技、环境、教育等合作领域，推动建设开放、包容、普惠的世界经济。同时，重视在机制体制层面上提高对外开放水平。积极通过国际合作协调机制交流发展合作中存在的制度机制问题，并通过深化改革打破制度型合作障碍，进一步提高合作效能。

## 四、进一步强化制度建设，更好巩固改革发展的成果

经国序民，正其制度。制度是治国安邦的根本，也是巩固革故鼎新成果的重要保障。三国时期的学者王弼在注解鼎卦时写道："革既变矣，则制器立法以成之焉。变而无制，乱可待也。"（《周易注》）如果缺少制度的保障，那么改革的成果就很容易丢失，更糟糕的是，还有可能发生混乱。邓小平指出，制度问题是根本性、全局性、稳定性和长期性的问题。正所谓"有制"才能"有治"，"善制"方能"善治"，制度的稳定性决定了其可作为长期治理国家的基本形式，相比起"运动型治理"[①]这一为应对国家社会中突发治理危机的暂时形式，制度治理可以保障政权在一个长期的过程中稳定运作。党的

---

[①] 周雪光：《运动型治理机制：中国国家治理的制度逻辑再思考》，《开放时代》2012年第9期。

## 第四章
### 革故鼎新的思想价值与启迪

十八届三中全会指出全面深化改革的总目标是完善和发展中国特色社会主义制度、推进国家治理体系和治理能力现代化。从这一角度来说，推进更完善的制度建设不仅是巩固改革发展成果的重要保障，也是推进改革发展的指引。在党的二十大报告中，"制度"一词出现了90余次，制度建设的重要性已经不言而喻。

党的十八大以来，改革开放相比过去呈现出许多新的特点，习近平总书记指出："相比过去，新时代改革开放具有许多新的内涵和特点，其中很重要的一点就是制度建设分量更重，改革开放更多面对的是深层次体制机制问题，对改革顶层设计的要求更高，对改革的系统性、整体性、协同性要求更强，相应地建章立制、构建体系的任务更重。"[①]十年来，随着全面深化改革向前推进，党和国家不断健全党的领导体制机制，加强人民当家作主制度建设，完成宪法部分内容修改，推动社会主义协商民主广泛多层制度化发展，深化党和国家机构改革，深化经济体制改革，深化司法体制综合改革，深化生态文明体制改革，深化国防和军队改革，建立国家监察制度，中国特色社会主义制度日趋成熟定型，中国特色社会主义法治体系不断完善。党的十九届四中全会通过的《中共中央关于坚持和完善中国特色社会主义制度 推进国家治理体系和治理能力现代化若干重大问题的决定》概括了我国国家制度和国家治理体系的显著优势。这十三个方面的显著优势充分表明了中国特色社会主义制度优越性和先进性。

---

[①]《〈中共中央关于坚持和完善中国特色社会主义制度 推进国家治理体系和治理能力现代化若干重大问题的决定〉的说明》，《人民日报》2019年11月6日第4版。

## 读懂革故鼎新

制度被认为国家治理的根基,但这并不意味着一项制度建立以后便可以一劳永逸。回顾历史,制度建设始终围绕着治国理政的重大方针在不断调整,以求适应不同的历史时期的时代特点与治理要求。新时代以来。习近平总书记强调:"今天,摆在我们面前的一项重大历史任务,就是推动中国特色社会主义制度更加成熟更加定型,为党和国家事业发展、为人民幸福安康、为社会和谐稳定、为国家长治久安提供一整套更完备、更稳定、更管用的制度体系。"[1] 中国制度具有强大生命力和巨大优越性,在时代条件和国情形势不断变化的情况下,制度建设应进一步围绕其稳定性、适应性、效能性展开,方能更好巩固改革成果。稳定性要求制度建设者应具有保持强大的政治定力,保证制度改革应具有改革创新与继承发展的统一性,既不因一时动荡阻挠而退却改革的步伐,也不遗忘历史基础而大干盲干。适应性要求制度建设者必须以实事求是的态度从基本国情出发,在本国的历史传承与当代实践的结合中去推进制度的发展。在不同的国家、不同的发展阶段、不同的经济发展水平、不同的文化生态、不同的国家结构中,制度模式也应当有不同的发展道路。正如习近平总书记所强调的:"我国今天的国家治理体系,是在我国历史传承、文化传统、经济社会发展的基础上长期发展、渐进改进、内生性演化的结果。"[2] 效能性则要求制度建设者要重视制度运转所带来的运转效率及效益。制度的效能优劣一方面在于其有效执行的效率。制度的生命力在于执行,如果一项制度无法形成规律稳定的运转,

---

[1]《习近平谈治国理政》第1卷,外文出版社2014年版,第104—105页。
[2]《习近平谈治国理政》第1卷,外文出版社2014年版,第105页。

## 第四章
革故鼎新的思想价值与启迪

那么制度便成了纯粹的理论逻辑产物,而不是改造世界的现实保障。正如习近平总书记指出的:"国家治理体系和治理能力是一个国家的制度和制度执行能力的集中体现,两者相辅相成。"[1] 制度的效能性另一方面在于其是否能带来治理效益。长期以来,西方舆论鼓吹只有西方的民主制度才是世界走向现代化的范本,然而纵观多国照搬照套西方民主制度却鲜有成功的例子,更多的是经济发展停滞、政治体制不顺、社会动荡不安,这般制度建设便是矢去了效能性。

"治国者,圆不失规,方不失矩。"在世界格局发生重大变化、国内改革发展稳定任务艰巨的情况下,必须着重加强制度建设,有效发挥中国特色社会主义制度优势,方能从容应对前进道路上的风险挑战。

---

[1]《习近平谈治国理政》第 1 卷,外文出版社 2014 年版,第 105 页。